盈利

[日] 川上昌直 著　陈 旭 译

収益
多様化
の
戦略

中国科学技术出版社
·北 京·

SHUEKI TAYOUKA NO SENRYAKU by Masanao Kawakami
Copyright © 2021 Masanao Kawakami
All rights reserved.
Original Japanese edition published by TOYO KEIZAI INC.
Simplified Chinese translation copyright © 2022 by China Science and Technology Press Co., Ltd.
This Simplified Chinese edition published by arrangement with TOYO KEIZAI INC., Tokyo, through Shanghai To-Asia Culture Communication Co., Ltd.

北京市版权局著作权合同登记　图字：01-2022-1993。

图书在版编目（CIP）数据

盈利 /（日）川上昌直著；陈旭译 . — 北京：中国科学技术出版社，2023.4
ISBN 978-7-5046-9898-8

Ⅰ . ①盈… Ⅱ . ①川… ②陈… Ⅲ . ①企业管理—盈利—研究 Ⅳ . ① F275.4

中国国家版本馆 CIP 数据核字（2023）第 031764 号

策划编辑	赵　霞
责任编辑	韩沫言
版式设计	蚂蚁设计
封面设计	马筱琨
责任校对	焦　宁
责任印制	李晓霖

出　版	中国科学技术出版社
发　行	中国科学技术出版社有限公司发行部
地　址	北京市海淀区中关村南大街 16 号
邮　编	100081
发行电话	010-62173865
传　真	010-62173081
网　址	http://www.cspbooks.com.cn

开　本	710mm×1000mm　1/16
字　数	206 千字
印　张	15
版　次	2023 年 4 月第 1 版
印　次	2023 年 4 月第 1 次印刷
印　刷	大厂回族自治县彩虹印刷有限公司
书　号	ISBN 978-7-5046-9898-8/F · 1092
定　价	69.00 元

（凡购买本社图书，如有缺页、倒页、脱页者，本社发行部负责调换）

前言 PREFACE

创造价值就是为世界积极地创造利润

"创造利润"是企业永恒的追求。

之所以笔者要强调这点，是因为日本企业的问题并不是不能很好地"创造价值"，为消费者提供便利，而是不擅长把创造出的价值转化成企业的利润，不懂得如何"获取价值"。

那么为什么日本企业如此疲于奔命地创造价值，却无法获取利润呢？而且，那些本身不够优秀，产品质量参差不齐的日本企业反而利润更高甚至完全流向国外。

毫不掩饰地说，日本的制造业和零售业对于利润似乎都有"迟钝"的一面。

他们似乎都简单地认为利润即售价减去成本的差，其实这大错特错。我们不能消极地看待利润，而是要积极主动地创造利润。

企业最该考虑的恰恰是如何获取利润。一家企业只有学会反推并重新定义自己的商业模式，才能在如今暗潮汹涌的商海乘风破浪。如今这个时代，只靠创造价值已经不能保证获利，我们需要对利润足够敏感才能获得成功。

在本书中，笔者将为各位读者介绍八个创造利润的"盈利逻辑"。其中包括资金投入在哪个方向才更能创造利润；除了消费者还有谁能为我们带来利润；如何创造更持久、更长远的利润等内容。总之，只要各位读者按照笔者提出的方法，对获取利润的过程进行复盘，就一定能为你的企业找到一条获取规模利润的成功之路。

本书还为各位读者介绍了"30个获取利润的方法",让各位读者了解如何创造利润。其中包括我们耳熟能详的免费增值模式、均价合同以及吉列剃须刀模式等盈利策略。这些策略无不凝聚着来自伟大企业的巧妙构思。如果你能结合这八个盈利逻辑进行思考,相信你一定能瞬间明白其中蕴含的道理。如果你的企业正苦于无法创造利润,希望你能学习贯彻这八个盈利逻辑,迈出变革盈利模式的第一步。

本书前半部分主要介绍新盈利模式的必要性,以及新盈利模式本身。增加创造利润的渠道虽然不一定能直接提高销售利润,却有可能让企业找到新的收益来源。其实就连GAFA[①]企业也是充分利用其多样化的价值获取渠道,拓展收益来源,并不断为企业创造新的利润。

总之,改变价值获取方式,创造新的收益来源越来越重要。

越是难以创造价值的企业,就越应该着眼于获取价值;就越应该不断创新、实践获取利润的方式;就越应该改变对商业模式的看法,并加大力度改变企业经营管理方式。如果你能结合企业发展现状研读本书,就一定能发现盈利的秘诀。

如果你是一位因为过度注意价值创造而无暇改善当前业务模式的管理者,或者是一位苦于无法为企业创造更多利润,导致企业发展举步维艰的管理者,如果你可以通过本书学会从多个角度审视企业利润,实现商业模式创新,笔者将倍感荣幸。

---

① 谷歌、苹果、脸书(现已改名为元宇宙)、亚马逊的英文首字母缩写。——译者注

目录
CONTENTS

第1章 盈利模式创新 001

被低收益折磨的日本企业 003

利润的极限 004

擅长获取价值的企业 012

获取价值的另一番创新 016

从盈利模式创新到商业模式变革——漫威的复苏 023

开始盈利模式创新吧 031

第2章 盈利模式创新的优秀案例 037

改变价值获取方式 039

创新型企业的价值获取创新 041

收益模式创新的成果 060

第3章 拓宽价值获取的视野 063

获取新价值 068

第4章 收益来源多元化 105

合乎逻辑地计算收益来源 107

利用收费点来促进收益来源多元化　110

从收费用户的角度实现收费点多元化　118

收费时机让你开阔视野　131

列出自家企业的收费点　138

从收益来源多样化到获取价值　140

第5章　转化新价值获取方式的盈利逻辑　141

如何获取价值　143

获取价值，创造超越常识的利润　144

价值获取——制造商深陷绝境　148

从收费点到盈利　156

以利润转化促进价值获取的变革　163

开始价值获取创新　171

第6章　日本企业的"订阅制"　173

备受制造业、零售业误解的"订阅制"　175

均价订阅制的特征　176

订阅热潮　182

订阅制对经常性收入模式的影响　193

制造业如何巧用订阅制　199

数字化时代的循环模式　204

从获取价值到商业模式　208

第7章 商业模式创新 209

从获取新价值到创造价值 211

改变对利润的看法 213

拓展价值创新的视野 218

商业模式创新 227

后记 229

第1章
盈利模式创新

要点

- 为什么创造价值会达到上限？
- 创新企业热衷的盈利模式创新是什么？
- 未来制造类企业如何大幅提升利润？

关键词

- 商业模式
- 创造价值
- 消费者支付意愿（Willingness to pay, WTP）
- 盈利模式创新
- 价值创造心理障碍

被低收益折磨的日本企业

企业的目的到底是什么？那就是让消费者满足。

那么什么是收益呢？收益就是让客户持续保持满足的必要资源。

企业维持运行离不开现金流，而没有收益就不能让现金流增长。收益是企业维持运行的必要条件。

如今日本有太多企业饱受低收益的折磨。日本企业的净资产收益率和投资资本回报率（ROIC）[①]都太低了，这是日本经营学家长久以来的论调。一直以来，日本企业都是靠"物美价廉"的商品换取消费者的支持，但如今这种状态已经难以为继。2018年，日本企业已经被挤出全球上市企业市值排名前30位。而实际上，日本几乎已经没有市值足够高的企业了。1989年，丰田还能杀入全球市值排名前10位，而到了2018年，丰田仅能排进前50位。

20年前，美国上市公司市值前5名分别为通用电气、埃克森美孚、辉瑞、思科和沃尔玛。以往名列前茅的企业都是在工业革命的延长线上取得发展，而如今事态已经发生了变化。目前市值名列前茅的企业包括谷歌、苹果、脸书和亚马逊，也就是我们平时常说的"GAFA"。

GAFA直到2000年之后才崭露头角。众所周知，这些企业无不是挺过了数

[①] 投资资本回报率（Return on Invested Capital, ROIC），在金融领域以及一般情况下广泛使用的一种衡量标准，主要展现投资一个企业后能获得多少回报。其中利润衡量标准是指企业的税后商业利润。其计算方法不少，但主要是营业利润加上支付的利息再减去税款。最后将得到的数字除以投资资本（有息债务加上股东权益）。

字浪潮的冲击，并彻底改变了世界商业版图。

而人们往往更多关注他们创造价值的过程，但事实上只有看透了他们获取利润的方式，才能真正洞悉他们的成功之道。

利润的极限

以GAFA为主的美国企业和日本企业的差距为何如此悬殊？

日本企业的商品质量上乘，并自主形成了从生产到销售的一整套流程，但为什么日本企业在世界上失去了竞争力呢？

很多人说日本企业"错过了数字时代"，难道原因仅仅如此吗？

我们不妨从日美企业创造利润的方式中寻找答案。

创造价值和获取价值的概念

企业通过创造价值，提供消费者所需的价值，又通过获取价值，为自己产生利润。下面我们来做一下介绍，请看图1.1。

创造价值		获取价值
为消费者提供的价值 × 提供价值的流程	×	收益化
支付意愿扩大	成本降低	合理定价及防御

图1.1 满足消费者，让企业盈利的方法

企业只有不断"创造价值"并"获取价值"才能持续发展。

如图1.1所示，创造价值即向客户提供并创造价值的过程。获取价值则是企业从创造的价值挖掘利润的行为。

创造价值的过程也是创造附加价值的过程。企业需要调动原料、人力、物资、资金、信息等资源才能生产出商品，又通过生产出有吸引力的商品，改善消费者的生活。换言之，企业只有通过利用较低的成本为消费者的生活提供便利才能创造附加价值。这同时也是一家企业的存在价值。

而失去创造附加价值能力的企业迟早面临倒闭。对于制造业而言，能否设计出令消费者满意的商品最为关键。企业需要提供给消费者尽可能低价的商品，从而实现价值最大化。这就是创造价值的本质。

当然，企业必须创造利润。企业要想持续创造价值，首先就要具备资金，因为这才是确保企业平稳运行的关键。此时，企业需要通过获取价值，即利润来确保资金充裕。

价值获取[①]，即企业通过经营活动获取利润的过程。

企业为消费者提供价值，并从中收取部分利润。因此，决定企业从创造的价值中收取多少利润的"定价"至关重要。通过定价来创造利润的行为被称为"收益化"。收益的确定也意味着利润的确定，因为在交付商品之时，商品的生产成本已经不会再有任何变化。换句话说，只有利润化的方式才能控制收益的多寡。

创造价值——放大你的价值

企业为消费者创造价值，并获取一部分利润。这就是制造业最普遍的收益方式。

那么下面我们就来看看，企业到底是如何通过和消费者之间的交易获利的。

[①] 价值获取即"value capture"，属于关键指标管理领域的术语。常用来衡量制造业的收益情况。"获取"，顾名思义，指的是企业从创造的价值中收取多少利润。

请看图1.2。图中消费者的支付意愿和制造成本的差就是"产生的价值量"。创造价值的目的在于不断扩大"产生的价值量"为消费者的生活提供便利。

消费者的"支付意愿"（Willingness To Pay, WTP）即消费者对于所接受的商品（或服务）的估价或愿付出的金额。我们用金钱来表示该商品对消费者的吸引力。支付意愿可以用来较为直观地判断消费者在没有任何背景知识的情况下，对一个没有价签的商品的可承受售价。因此消费者对于商品的理想价格就是支付意愿。

当然，支付意愿因人而异，不过只要我们锁定一类目标消费者，就能大致推测出商品有哪些特点可以吸引消费者，并制订相应的解决方案。一家企业只有做到这点，才能提高消费者的支付意愿。

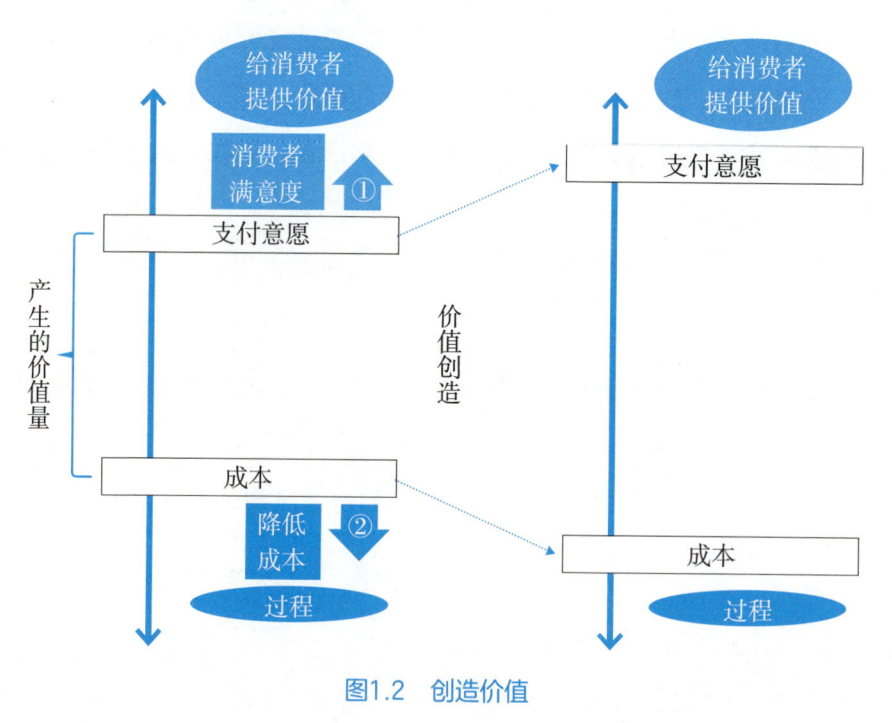

图1.2　创造价值

"成本"指产品从生产到销售的过程中产生的费用。为了能够提供令消费者满意的商品，企业必须优化商品从生产到交付的整套流程，降低整体成本，高效且合理地提供商品。

只要企业能够提高消费者的支付意愿，并尽力降低成本，就能不断增加企业创造的价值量。企业应该不断努力创造价值，并形成一个适合企业创造价值的内部环境。

如何盈利

那么，相对于"创造的价值"，企业获取的价值又是怎样的呢？其实企业盈利的方法非常简单。

企业获得的利润由商品的定价决定。一次交易中，价格越高，企业收益越多，同理价格越低，企业收益越少。单纯依靠销售获利的制造类企业就是以这种方式盈利的。

下面我们仔细观察图1.3。

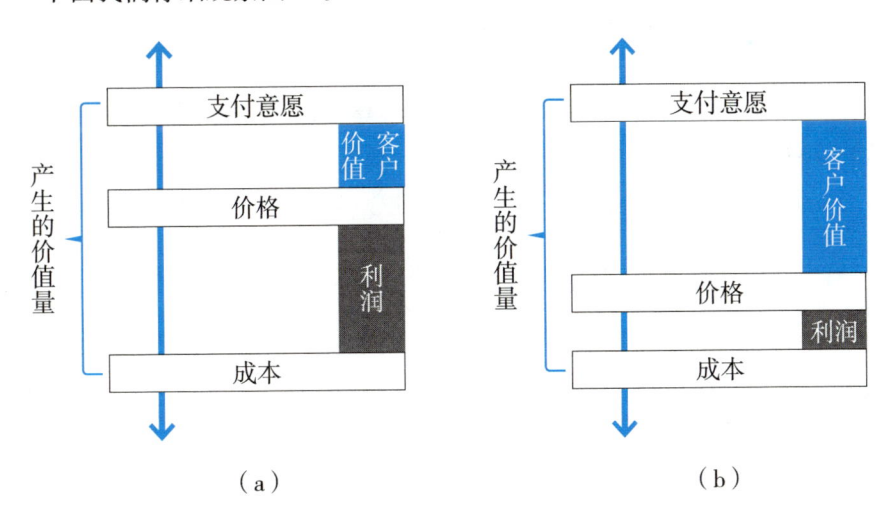

图1.3 获取价值决定企业的收益

如果希望获取更多利润，就要像图1.3（a）一样，让价格尽量贴近支付意愿。支付意愿指的就是"消费者可以接受的价格"，支付意愿和价格越接

| 盈利 |

近，商品的价格就越高。知名品牌往往采取这种获利模式。这种模式可以让企业在单次交易中尽量获得更高的利润，简而言之就是通过提高利润率增加收益金额。

不过，这样的定价方式很可能导致商品价格高于竞争企业，因此能接受高价的消费者往往是看中了这家企业的商品或服务的"差异化"。想要实现这种盈利模式，需要企业尽力彰显自己的独特性，让其他企业难以模仿。

而图1.3（b）所示则尽力挤压成本，降低价格，主动减少了企业的收益。但需要注意的是，虽然单次交易利润率确实很低，但只要销量足够大，也能扩大利润空间，因此这也不失为一种盈利的手段。

总之，降低利润率提高销量的获利方式就是我们常说的"薄利多销"了。对于那些采购规模超过一般企业、有一定生产规模，且能有效降低生产成本的企业来说，这才是适合他们的盈利模式。

创造价值和价值获取的概念

从前文可以看出，价格是一个重要的变量，它将支付意愿和成本相减所得到的价值划分为客户价值和利润。因为商品的定价决定了销售收益（销售额），进而决定企业的利润。

另外，价格也是决定客户价值的重要变量，而客户价值则取决于消费者对商品的满意度。客户价值也是衡量商品是否"物有所值"的指标，只有支付意愿高于商品价格时，消费者才会觉得"物有所值"。

下面我们再来看看图1.3。不论是（a）图还是（b）图，都是用"支付意愿"减去"价格"来计算"客户价值"的。

此时，图1.3（a）所示的企业以获利为先，所生产的商品定价较高，因此他们需要关注商品的差异化，使得低客户价值的商品仍旧对消费者有足够的吸引力。而图1.3（b）所示的企业为消费者提供了巨大的客户价值，因此消费者十分喜爱他们的商品。因为价格便宜更能让消费者感到"物有所值",因此这家企业会尽力压低商品的价格。

制造类企业长久以来一直都在思考支付意愿和成本间最合理的价格区间：或者提高价格,让它趋近于支付意愿；或者降低价格,让它趋近于成本。企业必须在两者之间选择一种方式作为企业的盈利模式。

合理定价,稳定销售,获得利润——这才是制造类企业获取利润的唯一支柱。所以想要守护住利润,企业就要不断推陈出新,开发新产品,并投入生产,开始销售。但竞争对手的类似商品很快也会进入市场,这些"后来者"的价格也可能相当低。

不过制造类企业为了守住利润也使用了"十八般武艺"。比较有代表性的包括商标注册、版权保护等法律防御、搭建入行门槛等战略防御以及通过强化品牌形象实现品牌个性化等。这些方法能够辅助企业对商品进行定价并获取利润。

日本制造业一直固守着前文所述的创造价值以及获取价值的方法。日本企业创造了一种方法,这种方法能让它们以低于别国价格,为消费者提供质量更优的商品,为企业创造价值。并且,由于定价较低,客户价值以及利润都得到了提高。

直到20世纪80年代,日本企业还都只是在原有的外国商品的基础上进行改良,制造出品质更加上乘的商品。因为有模仿的对象,日本企业才能做到精简生产流程,降低成本。一时间,丰田、日产、松下、日立以及东芝等品牌不断创造价值,到了20世纪90年代,它们俨然成为世界级企业,驰名海外。

创造价值的困境和获取价值的难关

但是日本企业光靠商品获利的传统盈利模式已经到达了瓶颈。因为,想要使用这种价值获取方式实现巨大收益,就必须有一个可以不断创造价值的大环境。而一旦企业难以创造这种环境，就不可能再获取价值。

下面我们来具体说明一下。图1.4显示了当竞争愈发激烈，经济环境发生巨大变化时，价值创造和价值获取之间的关系。

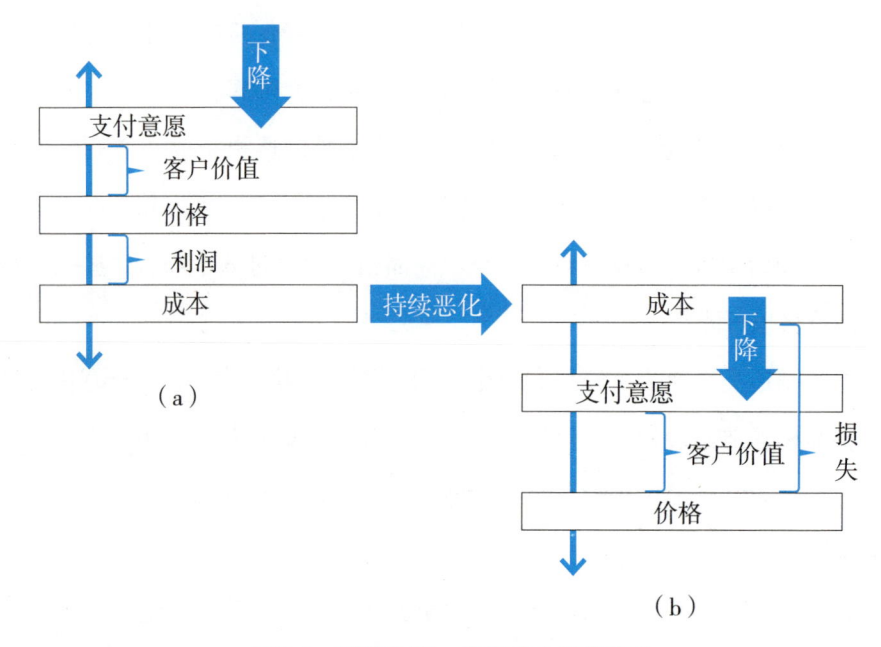

图1.4 创造价值，当以客户价值为先

图1.4（a）显示了竞争激烈的市场环境。此时企业应当尽量避免产品同质化。一件产品即便在上市之初如何新颖奇特，它终究也会变得司空见惯。而后类似商品充斥市场，这必然导致消费者支付意愿的下降。企业如果不去主动寻求制造和销售体系的变革，就无法继续压低成本，企业的整体价值也会越来越小。

即便如此，企业仍旧要以客户价值为先。因为企业存在的目的就是满足消费者的愿望。但是如果企业为了产生客户价值，一味降低商品价格，那么留给企业的利润空间就会越来越小。图1.4恰如其分地展现了这其中的道理。

但这并不是最糟的状况。图1.4（b）展现的是行业内环境发生巨大变化，人们的价值观发生惊人转变，现有的经营模式已经不再能让企业继续创造价值时的情况。价值创造体系崩溃的同时，企业必然面临损失，价值获取更是遥遥无期。

传统价值创造体系崩溃的原因是数字技术对现有行业的破坏。数字技术让更多服务变得廉价，甚至免费提供部分服务，它深刻影响了制造业和零售业的商品。我们曾经使用的数码相机、便携收音机、计算器如今都变成了智能手机上的一个个图标。而消费者对这些"老物件"的支付意愿已经荡然无存。

不仅如此，诸如雷曼事件等金融危机，新冠肺炎疫情等不确定因素，都会导致消费者的收入不断减少，他们虽然有购买欲却根本买不起。在震荡不断的大环境下，消费者的支付意愿已经大幅下降。

但是，商品定价必须低于支付意愿，即使支付意愿极低，也要创造客户价值。但是商品的生产成本却不会猛然下降。因此如图1.4（b）所示，如果定价低于成本，就要做好血本无归的准备。而且赔本的商品销量越高，企业的损失就越大。

一旦企业创造的价值变得过于低下，价值创造体系崩溃，企业就绝不可能获利。"大头在后面"[①]已经不适用于如今的世界，受困于传统的价值创造模式而不能自拔，最终只能"颗粒无收"。

即便面临着如此窘况，日本的制造类企业，尤其是销售企业，仍在坚守几乎贴地的微薄利润，努力地继续创造价值。可以说，日本人正是靠着毅力和勤奋，才能形成一套毫不浪费资源的生产销售流程。日本企业明知消费者支付意愿无法提高，仍旧在努力生产产品并想方设法以极低的定价谋求微薄的利润。

但"失去的30年"[②]恰恰证明这种经验模式是有极限的。这30年间，日

---

① 指重大的事情还在后面。——编者注
② 指日本从泡沫经济崩溃转向经济增长低速的30年，即1989—2019年。——编者注

| 盈利 |

本引进了各种技术，也进行了多次创新，虚心向世界学习，但到头来日本在世界上的存在感越来越低。而且日本人的工资水平也迟迟不见提升。笔者认为，这个问题的根源在于创造价值的方式，尤其是盈利的方式。换言之，日本企业的价值获取出了问题。

进一步说，日本企业已经进入了一个价值创造无利可图的时代，日本企业应该直面困难，改变盈利模式。

放眼世界，你会看到不少企业已经摆脱了这种价值获取的模式，实现了全新的盈利模式。它们就是以GAFA为首的互联网巨头。

擅长获取价值的企业

获取价值的概念已经改变

那么这些互联网巨头企业又是如何盈利的呢？请看图1.5。与图1.1相比，我们能发现右侧的价值获取方式发生了变化。价值获取方式已经由"合理定价和防御"向"开辟多种收益来源"转变。原因在于这些互联网巨头实现利润的方式与传统制造业、零售业截然不同。"收益化"的含义正在发生变化。

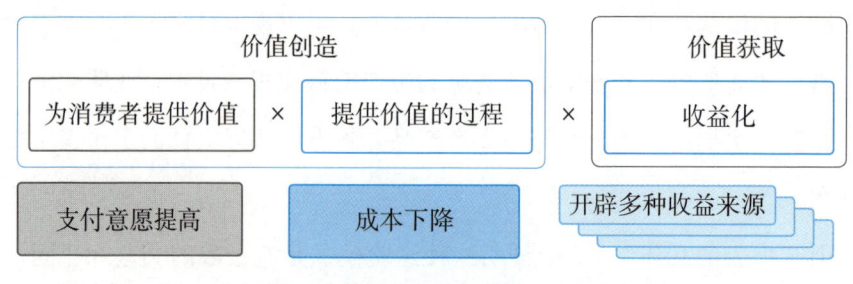

图1.5 善于获取价值的企业

制造业的"收益化"是指通过为产品或服务设定合理的价格，并将其转换为收益，为企业盈利的行为。由于收益（销售）已经确定，同时企业又获得了利润，所以"收益化"与企业盈利直接相关。

图1.5中的互联网巨头们对"利润化"的定义完全不同。互联网巨头获取价值的方式不仅是通过为产品设定合适的价格实现稳定创收，还可以通过其他各种方式产生利润。

这些企业不在乎是否从销售产品中获利。相反，他们一直认为商品销售根本无利可图，想要获利就必须积极寻找其他方式。

其中最典型的例子包括免费增值、均价订阅制、按量计费订阅、长尾理论、信息匹配和会员制。这些价值获取方式与单纯销售产品的差距很大。传统制造业的盈利模式是为消费者创造价值，而后从中获利，而这些巨头对"老办法"完全没有兴趣。

如今这些巨头的价值获取方式大获成功，他们收获了巨大的利润。新冠肺炎疫情迫使企业进行数字化转型（DX），我们完全可以预期，未来这些企业的价值（市值）潜力无限。

对于那些依靠"销售额减成本"获利的制造、零售类企业而言，即便他们学到了上述互联网巨头的盈利模式，也很难在自家企业实行。这些企业已经习惯了传统的价值获取方式，即依靠销售商品获利的经营模式，因此即便他们发现了新的盈利手段，也会觉得这种"新事物"和我的"老公司"没什么关系。

多样化收益来源

企业要在数字时代获取价值，就应该在创造价值的基础上，想方设法地创造收益，实现利润最大化，而不是只为目标客户提供商品。如今商业活动的主题应该是如何增加利润；在哪方面设置收费点才能增加收益；除了消费者，我们还能从哪些方面获利；如何找到帮助企业持续、长远盈利的方法……

这意味着除了为产品定价，还有更多能让企业盈利的方法。即便单纯的

| 盈利 |

"销售"已经无利可图,我们也有机会找到其他的收益来源并从中获利。

比较典型的就是谷歌和脸书使用的三方市场手段,即"广告模式"。这两家企业提供的搜索引擎和社交软件都无法直接从用户手里"拿到钱",因此这其中无法产生利润。

但是他们擅长通过另一方使用者获取利润,即只要让广告商"买单",企业就可以在免费满足用户需求的同时为自身盈利。如果平台能提供免费且优质的内容,用户就会爱上这个平台。但这样的平台必须有一套方便与广告商沟通的体系作为支撑。

亚马逊同样擅长获取价值,他们也构建了一套看似没有收益实则能赚得盆满钵满的体系。由于亚马逊属于电商,相比于有实体店的企业,其成本大大降低,但其物流成本仍不容忽视,因此亚马逊的利润也相当微薄。不过亚马逊想到了一套为企业补充利润的方法。他们以电商业务创造的价值为基础,又另辟蹊径,以亚马逊网络服务(第2章有具体讲述)继续为企业创收。

众所周知,苹果公司以旗下的iPhone、iPad以及Mac系列的产品盈利,但苹果的产品战略只在内部进行。他们采用无晶圆厂模式,由合作伙伴为其生产产品。因此苹果公司的产品生产成本高于那些自主生产的企业。苹果公司通过精妙绝伦的品牌设计一次又一次地刺激着消费者的情绪,消费者对苹果公司旗下商品的支付意愿之高,是其他同类企业永远无法想象的。

另一方面,苹果公司的利润不仅于此。他们同样擅长获取价值,盈利手段更是多种多样。iTunes正是他们的起步之作。苹果公司旗下智能设备的一大收费点在于苹果音乐。由于收费业务以单曲计算,因此毛利更高。仅凭创造价值无法创造如此惊人的利润和用户期待,哪怕是苹果公司也不可能"一招鲜吃遍天"。

不过近年来情况发生了变化。由于竞品不断涌现,智能设备愈发普及,苹果公司的产品销量开始放缓。苹果公司也深深地感受到,想要再次创造如此巨大的价值，实在太困难了。于是他们开始着手改变服务方式，寻找盈利的新方向。

如上所述，以GAFA为首的互联网巨头长久以来都在努力实现收益多样化，并努力创造更大的利润。

善于获取价值的不只有GAFA

善于获取价值的不仅是GAFA之类的企业。事实上制造和零售类企业之中也有些专注于获取价值的弄潮儿。

这其中之一便是开市客。开市客提供仓储式配送业务，以低价向客户销售商品，因此他们也是一家零售类企业。如果只关注价值创造，开市客的成本不低，似乎没有什么利润空间。

但开市客还是依靠独特的策略从中获取了价值。他们的方法是每年向客户收取订阅费。这个方法可谓是开市客防止亏损保障利润的"绝招"。全凭这套策略，开市客成为市值仅次于沃尔玛的第二大仓储式大卖场。

特斯拉也在利用价值获取来盈利。首先汽车行业根本不会让新品牌轻易入场分走一杯羹。一家汽车制造类企业除非产销量巨大，否则必然亏损。但特斯拉却能尽可能控制亏损并一举扭亏为盈，原因在于他们有一套独特的价值获取方式。

虽然特斯拉仅凭科技感满满的炫酷电动汽车就已经创新了价值创造方式，但更难能可贵的是，截至2020年，特斯拉已经成功击败了丰田，成为市值最高的汽车制造类企业。

开市客和特斯拉的成功案例恰恰证明，即使是制造、零售类企业也可以通过将创新的价值获取方式融入其商业模式以增加利润。即使价值创造的方法已经成熟，也可以充分利用价值获取创造新的商业模式。这部分内容笔者将在第2章用真实的数据为大家一一证明。

| 盈利 |

获取价值的另一番创新

关注获取价值的制造业龙头——喜利得

我们究竟该如何通过充分利用价值获取的手段，为当下苦于价值创造的企业指出一条革新之路呢？喜利得的成功便是很好的例子。

喜利得总部位于列支敦士登。喜利得最初是一家B2B制造类企业，他们主要向建筑公司销售工程用具。多年来，喜利得一直致力于为客户提供功能强大的优质商品。

可是喜利得卖出一单钻头或其他工具之后，下一单生意就不知道什么时候才能来。因为他们的产品性能优秀、质量上乘，很少需要修理或更换，因此复购率很低。于是喜利得开始反复研究，有没有一种有别于传统单品销售的新盈利模式，能够让企业从客户身上获取稳定的利润。换言之，喜利得此举恰恰是站在价值获取的角度，重新规划自己目前的商业模式。

自2000年以来，喜利得开始着手价值获取，大刀阔斧地改变了自己的商业模式。他们不再单纯地向客户销售产品，而是采取了租赁的方式，允许客户用一件设备作为抵押，换取其他设备。他们推出了"Fleet management[①]"服务，该服务支持向企业提供整套工程设备租赁，设备所有权仍归喜利得所有。喜利得俨然已经从一家制造类企业转变为一家提供定期收费制服务的企业。

Fleet management并不仅是只要定期付钱就能租用喜利得的商品，准备好齐全的设备并将其运送到客户的企业，这本身就有助于提高客户的工作效率。受此启发，喜利得开始涉足咨询建筑行业，倾听客户的意见并提出自己

[①] 喜利得推出的一项设备租赁服务。——译者注

的建议。从销售设备，到提供咨询服务，喜利得找到了自己的新方向。

喜利得还通过其"提高客户生产力"的价值主张，改变了企业为客户创造价值的方式。他们已经不再继续走制造到分销的老路，而是直接给客户企业提供服务。

获取价值做加法，商业模式大变样

喜利得取得了突破性的业绩，最终也改变了自身的商业模式。

企业不仅要学会创造价值，也要学会如何获取价值。图1.6很好地展示了这个道理。

下面请看图1.6（a）。如果我们想用当前创造的价值1.0来满足消费者，就必须让价格更贴近成本，但我们也不得不压缩利润空间。虽然"目标利

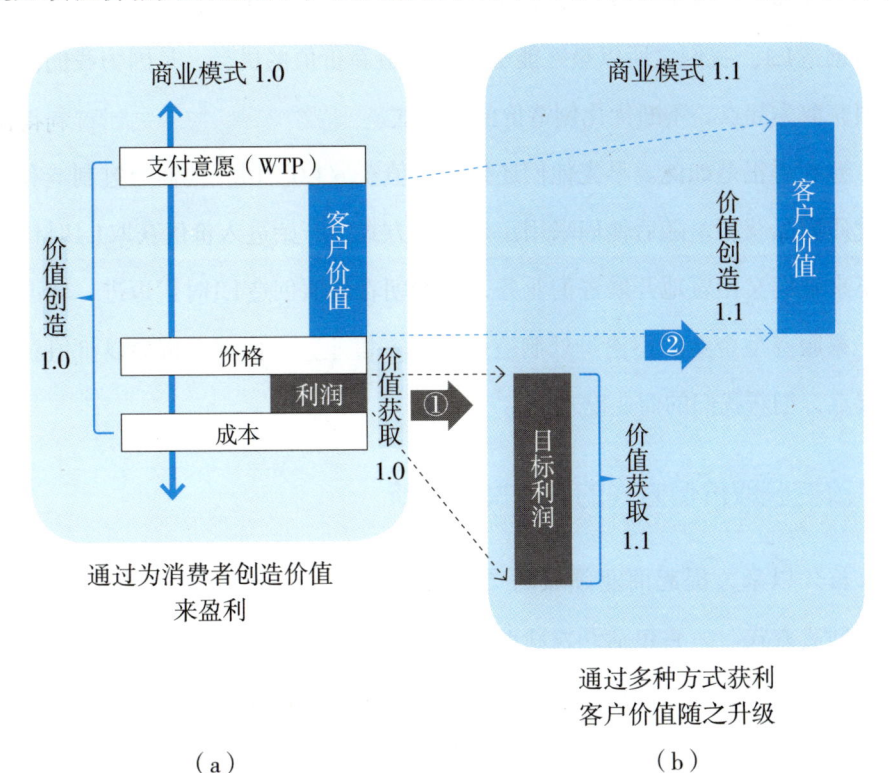

图1.6 价值获取改变商业模式

润"更高，但仅以现在创造价值的水平，我们很难实现如此高的利润。因此企业有必要深入研究客户，努力降低成本。不过遗憾的是，仅通过降低成本根本无法创造新价值。我们当然可以通过为消费者创造价值获利，但这部分的利润是有极限的。

因此我们才要改变对于价值获取的看法。下面请看图1.6（b）。为了方便，我们设定图1.6（a）的价值获取为1.0，图1.6（b）则为1.1。价值获取（1.1）旨在实现目标利润，以摆脱传统的价值创造1.0的框架，最终形成一种以多种方式获利的新模式。

之后我们要开始尝试从价值获取1.0向价值获取1.1迈进，在形成新商业模式的过程中，创造价值的方式也要根据价值获取1.1进行优化。

最先需要改变的是获取价值的方法（图1.6中箭头①），随后相应地形成价值创造1.1。我们之所以最终能够发现创造新价值的机会，是因为我们能以价值获取为起点，不断优化创造价值的方式。

喜利得正是如此。早先他们还处于价值获取1.0阶段，他们通过制造和销售优质商品获利。随后他们采用定期付费方式，开始进入价值获取1.1时代，接下来他们又相应地开展咨询业务，开始朝着价值创造1.1时代迈进，转型成了一家服务型企业。不论身处制造业还是零售业，我们都有机会以价值获取为起点，创新我们的商业模式。

改变获取价值方式的盈利模式创新

长久以来，提起商业领域的"创新"，我们会毫无例外地想到"创新价值创造方式"。它包括开发新产品、新技术，或者改造工程等，这些"创新"的前提都是价值创造方式的改变。这是跨越学界和商界的共同理论。正如图1.7展示的创新，所有企业都在致力于价值创造方面的创新。

但是正如前文所述，哪怕我们严格按照以往的价值创造方式经营企业，也不一定能盈利。因此想要改变现状获取利润，就要改变我们获取价值的方式。正如价值创造需要创新，价值获取方式也要创新。在本书中，笔者将创新价值获取方式的创新称为"盈利模式创新"。盈利模式创新打破了现有的价值获取规则和行业惯例，并为企业引入了一套新的盈利模式，最终让企业获得巨大的利润。

因此我们完全可以突破旧体制，拓展新业务，并获得比以往更多的利润。

只要谈到GAFA，所有人都会向你"灌输"他们如何成功地创新了企业创造价值的方式。毫无疑问，他们成功了。但是他们的创新并不止于价值创造。GAFA更加关注价值获取，更擅长盈利模式创新。

图1.7 所有企业都关注创新价值创造方式

谷歌创立之初也经历过反复试错，不断改变公司的价值创造方式。

苹果公司的发展也曾经历经坎坷崎岖，直到1999年第一代iMac上市，他们才算走上正轨，而后的iPod更是让他们获得了新动力。

虽然脸书为客户提供了独特的服务，不断扩大用户群，但他们的收益仍旧很低[①]。

虽然亚马逊能在电商领域为客户提供优质的购物体验，但这背后需要巨大的研发经费支持，因此亚马逊始终担忧公司长期亏损，难以为继。

① 这部分内容在电影《社交网络》中有详细的说明。——译者注

为了克服这种情况，这些公司改变了他们获取价值的方式，大刀阔斧地进行盈利模式创新。

似乎有很多公司对改变价值获取方式浑然不觉，只知道价值创造的重要性。不过目前备受瞩目的行业巨头在价值创造方面本身就十分有实力，但他们同样在想方设法地钻研价值获取方式。盈利模式创新是他们的必然选择。

图1.8为我们展示了它们的变化。其中横轴表示价值创造的变化，纵轴则表示价值获取的变化。

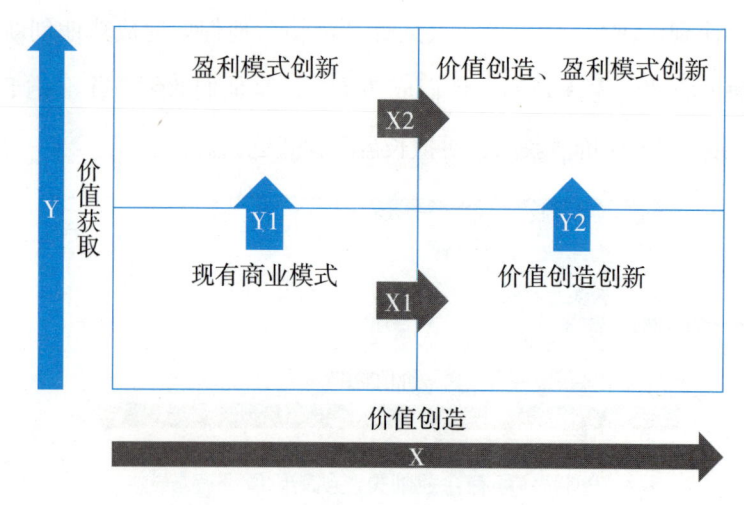

图1.8 价值创造和价值获取的变化

只要这个行业有标准的商业模式，就必然符合左下位置所示的规律。只要企业以价值创造为导向，它们都会顺着横轴的方向努力创新创造价值的方式。图1.8中的整体运行方向是由横轴（X）向右侧（X1）移动。由于企业的目的是满足消费者的需求，所以企业会无条件地为消费者做出改变，或者可以说变才是自然的。前文提到的几个企业都成功地创新了自己的价值创造方式。

另外，像GAFA这样的行业标杆不仅在价值创造方面进行创新，而且在价值获取方面也进行了创新。这类企业处于图1.8中的右上位置。

因此，企业发展只有两条路。一条路是很多企业都在效法的，即首先创新价值创造方式（X1），在此基础上再努力创新价值获取的方式，为企业创收（Y2）。另一条路就是从现状出发直接进行盈利模式创新（Y1），并在不断创造价值的过程中，拓宽新的领域（X2）。

不论企业要走哪条路，理论上都能达成"价值创造和盈利模式创新"。但是以价值创造为先，直接创造利润的路线并不像想象中那么好走。

这到底是为什么呢？想要走这条路就需要通过营销理念和经营策略、获取尖端技术和创新工作流程等方式，反复尝试。但只有很少一部分公司才有机会不断试错。毕竟，获取巨大商业利润是一条永无尽头的征途。

并且即便价值创造创新（X1）成功，我们在设计产品的时候并不一定过多考虑日后如何盈利，因此必须根据价值创造、盈利模式的变化（Y2）重新设计产品和服务。随着试错次数的增加，盈利模式创新变得愈发困难，既不能满足价值创造的需求，也不能开辟价值获取的新渠道。

因此走价值创造为先，直接创造利润这条路一定要投入大量的时间和金钱。不过如今没有哪家企业能经得起这样的拉锯战，可能在尝试创新的途中就耗尽资金或者让大量产品成为废品。

"利润的容器"有多大

如今是数字化的时代，对于经历数字化巨变的我们而言，以价值获取为先的路径才更加合适。我们最先应该做的其实是盈利模式创新（Y1），制订各种盈利模式，随后再进行价值创造的创新（X2）。哪个方向最能帮我们盈利，我们就该朝哪个方向努力。这就好像事先准备好一个用来盛放利润的"容器"（图1.9）。

| 盈利 |

图1.9　事先准备盛放利润的容器

即便我们使用这个方法，最后也要对价值创造进行创新，这看似是一个瓶颈，但只要我们从一开始就进行盈利模式创新，很快就能激发很多关于创新价值创造方式的灵感。

企业需要同时达成价值创造和价值获取两个目标。换句话说，只要达成这两个目标就够了，至于孰先孰后，没有强制规定。因此我们完全可以优先考虑盈利模式创新。

盈利模式创新触发价值创造方式的创新

价值创造的创新受到思维、技术和资金的制约。只有突破这重重难关才能创造出价值，因此它的门槛确实很高。看来创造价值的创新绝非易事。

不过，先进行盈利模式创新，却能给我们提供不少改变创造价值方式的机会。直接思考如何创造利润，这似乎异想天开，有别于普通的思考顺序，却更能激发我们的灵感。它似乎能间接地促进价值创造方式的创新。

对于那些努力创造价值的企业而言，或许他们并不能接受短时间内就转向盈利模式创新，按照Y1模式经营。他们甚至会怀疑这种方式是否真的可靠。

但是，事实上已经有很多企业迈出了创新的脚步。比如之前介绍过的喜利得，史上最大的用户关系平台Salesforce以及同样以订阅制服务创收的Adobe

公司，还有日本的骄傲——2021年3月财年净利润超过1万亿日元的索尼。这些企业十分重视盈利模式创新，永远能在现有盈利模式中发现问题。

传统制造业、零售业公司的盈利模式在不断优化，创造了大量客户价值和利润，在新时代背景下，盈利模式创新对这类企业的影响十分巨大。

从盈利模式创新到商业模式变革——漫威的复苏

盈利模式创新能够帮助企业摆脱困境，并让他们寻找到新的商业模式。最能体现这点的是漫威走向复苏的历程。漫威是一家老牌出版企业，他们也曾一度经历破产风波，但他们最终改变了商业模式，开始重新审视价值获取的重要性。

从出版社到制片厂

如今由美国漫画改编的电影常年霸占世界电影连续票房收入排行榜首位。2009年还是《阿凡达》的天下，没想到10年后竟然被《复仇者联盟4：终局之战》以28亿美元的高票房超过。2018年，《复仇者联盟3》的票房约为20亿美元，位居排行榜第5。顺带一提，复仇者联盟系列作品第一部（15亿美元：第8名）、第二部（14亿美元：第11名），并且同系列的其他作品的排名也很靠前。

出品这些优秀作品的正是创造了众多漫画和超级英雄的漫威。漫威的成功不仅于此，因此评价漫威不能仅关注作品的好坏。

漫威之所以能突破重重难关最终走向胜利，这要感谢他们选对了"商业模式"。漫威写就的商业神话跨越了国家和行业，给所有企业的盈利模式创新提供了启示。

如果我们从盈利模式创新的角度分析，就可以把漫威的发展史大致分为

| 盈利 |

三个阶段（图1.10）。第一阶段以出版为核心业务，第二阶段主要获取许可收益，第三阶段才真正进入影视制作领域。下面我们按顺序解读。

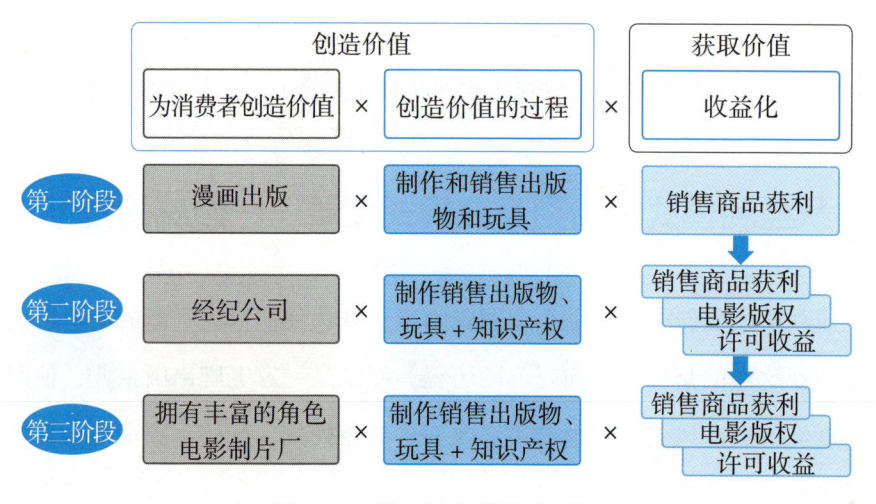

	创造价值		获取价值
	为消费者创造价值 × 创造价值的过程	×	收益化
第一阶段	漫画出版 × 制作和销售出版物和玩具	×	销售商品获利
第二阶段	经纪公司 × 制作销售出版物、玩具＋知识产权	×	销售商品获利 电影版权 许可收益
第三阶段	拥有丰富的角色电影制片厂 × 制作销售出版物、玩具＋知识产权	×	销售商品获利 电影版权 许可收益

图1.10　漫威的商业模式创新

第一阶段 出版社的烦恼

漫威成立于1939年，当时它只是一家漫画出版社，不过在创业之初，漫威就大获成功。他们靠创作并销售漫画获利，这自然是出版业最普遍的盈利模式，不过漫威却能创造出诸如蜘蛛侠、X战警等一系列畅销漫画，受到全世界读者的追捧。

但是时间来到了20世纪70年代，有些影视公司不顾漫画原有的世界观，拍摄了一些电影作品，这使得漫威旗下的漫画人物价值越来越低，再加上漫画销量持续低迷，很多漫威的漫画家投靠了它的竞争对手，公司迎来了危急时刻。

在被投资商和企业振兴者罗纳德·佩雷尔曼（Ronald Perelman）收购后，漫威才走上了这条充满荆棘的成功之路。起初罗纳德完全不了解漫画出版业。所以他试图通过提高漫画价格并直接将其出售给零售店来获取利润，结果到了1997年公司几乎倒闭。

1998年10月，经过长达18个月的商务谈判，漫威被TOYBIZ[①]持有者艾克·珀尔马特（Ike Perlmutter）和阿维·阿拉德（Avi Arad）收购。至此漫威不再只是一家漫画出版社，他们的商业模式悄悄地发生了变化。

第二阶段 盈利模式创新再出发

1997年7月，珀尔马特聘用了企业家彼得·库尼奥（Peter Cuneo）任CEO。库尼奥深知传统出版商的价值获取方式风险高且利润率低，因此收益微薄。所以库尼奥首先致力于盈利模式创新，为漫威创收。

那么如何利用现有的资产获取更大的利润呢？库尼奥提出了一项将漫威人物用作知识产权（intellectual property，IP）的授权许可业务。由于漫威旗下拥有超过4 700位漫画角色，于是库尼奥想给他们设立一个"经济公司"机构。

为了给消费者创造价值，库尼奥允许好莱坞大牌电影公司在保留人物特色的前提下，为漫威的动漫人物制作电影，再利用电影的影响力，促进出版和玩具零售业务的发展。

库尼奥积极推进这套措施，随后20世纪福克斯电影公司（现更名为20世纪影业）拍摄了《X战警》，索尼影业拍摄了《蜘蛛侠》，环球影业则拍摄了《绿巨人》。姑且不论这几部电影是否叫好又叫座，至少漫威不会承担这些风险，又能获取大量许可收入。

其中《蜘蛛侠》系列电影效果最为明显。2002年和2004年，仅蜘蛛侠IP的收入已经占到漫威营业利润的一半。2003年虽然没有出品蜘蛛侠系列电影，但蜘蛛侠扛起了漫威三分之一的营业利润。2004年，漫威成功还清债

[①] TOYBIZ原是漫威的母公司，但最后被迪士尼收购，TOYBIZ品牌也就此停业。玩具业务转给了迪士尼的战略合作伙伴孩之宝。——译者注

务，扭亏为盈，同时巩固了股东权益实现了健康发展。

授权许可业务是获取价值的理想方式。因为版权费属于预付款项，票房收入也要拨出百分之几的版税交付给漫威。靠着这种商业模式，重建期的漫威逐步夯实基础，获得了巨大的收益。

第三阶段 第三次盈利模式创新

凭借稳健的财务状况，漫威决定自担风险制作电影并以此获取更多价值。虽然制作一部电影可以获得巨大的利润，但投资规模同样巨大，风险与机遇如影相随。因此入行门槛也相当之高，于是漫威便和一些影视公司合作，将风险控制在合理范围内。

其实漫威制作自己的电影的原因之一是与电影的票房收入相比，许可收益的比例还是太低了。漫威深知自家动漫角色的价值之高，一味授权只会导致角色的价值越来越低。于是漫威决定再次提升旗下角色的价值，并获取相应的价值。这才是漫威未来发展的正确方向。

漫威希望利用电影为公司盈利，并拓宽公司获取价值的方式。漫威的价值创造方式即将迎来创新，这次他们希望从"经济公司"转变为"影视公司"。漫威影业虽然号称"影视公司"，但想要成为一家经得起考验的"制片厂"，漫威还要继续磨炼。于是漫威以较低利率向美林集团借款5.3亿美元，并以此为启动资金制作了电影版《钢铁侠》。

之所以拍摄《钢铁侠》，主要是因为漫威已经将蜘蛛侠和X战警的IP永久授权给了其他公司，所以无法拍摄。主演则是演技一流但性格乖张的小罗伯特·唐尼（Robert Downey Jr.）。

这次选角震惊了整个世界。当时的漫威，只不过是电影行业的新秀，其实很难聘请到有票房保障的好演员。而且公众都认为主演小罗伯特·唐尼的形象也不太适合饰演正派英雄。不过漫威优先考虑的是创造了漫威宇宙的漫画家们的看法。最终他们一致认为，稍显痞气的唐尼和钢铁侠托尼·史塔克（Tony Stark）匹配度很高。

尽管公众还是觉得主角知名度不够高，配角中也鲜有当红演员，导演也算不得一流，不过精心还原漫画原作的《钢铁侠》在上映当年仍旧获得了全美票房榜第一名的好成绩。而《钢铁侠》在全世界的票房收入更是达到惊人的5.9亿美元。

《钢铁侠》的成功靠的并不是好莱坞大牌演员和知名导演，它的成功来自独特的价值获取方式，即电影制作当以还原漫画角色特点为导向。这种价值获取方式既稳健又有效，随后上映的《无敌浩克》（《钢铁侠》同时期策划）《雷神》《美国队长》更是最好的证明。

而且虽然这些电影都是独立作品，但它们却使用同一个世界观，最终又能在《复仇者联盟》中集体亮相。这就是我们熟悉的漫威电影宇宙（Marvel Cinematic Universe，MCU）。

只有以旗下动漫角色为创作中心的影视公司才能保证作品共享同一个世界观，这是漫威独有的价值创造方式。直到今天，漫威的作品仍旧受到粉丝的追捧。

盈利模式创新和创造价值创新的良性循环

我们不妨了解一下漫威的业绩、营业利润等真实数据，或许这样更能让我们直观地了解漫威转型的成果（图1.11）。

首先，在漫威转型的第二阶段，他们靠授权费的收益让公司起死回生。1998年，漫威收益2亿美元，经营性亏损明显。但漫威改变了价值创造方式，靠授权收益扭亏为盈。6年后的2004年，漫威创收5亿美元以上，经营利润2.5亿美元，销售利润率超40%，漫威俨然已经成为一家成功的企业。

至此漫威的价值获取方式已经转变，利润基础也得到了稳固，但他们从

| 盈利 |

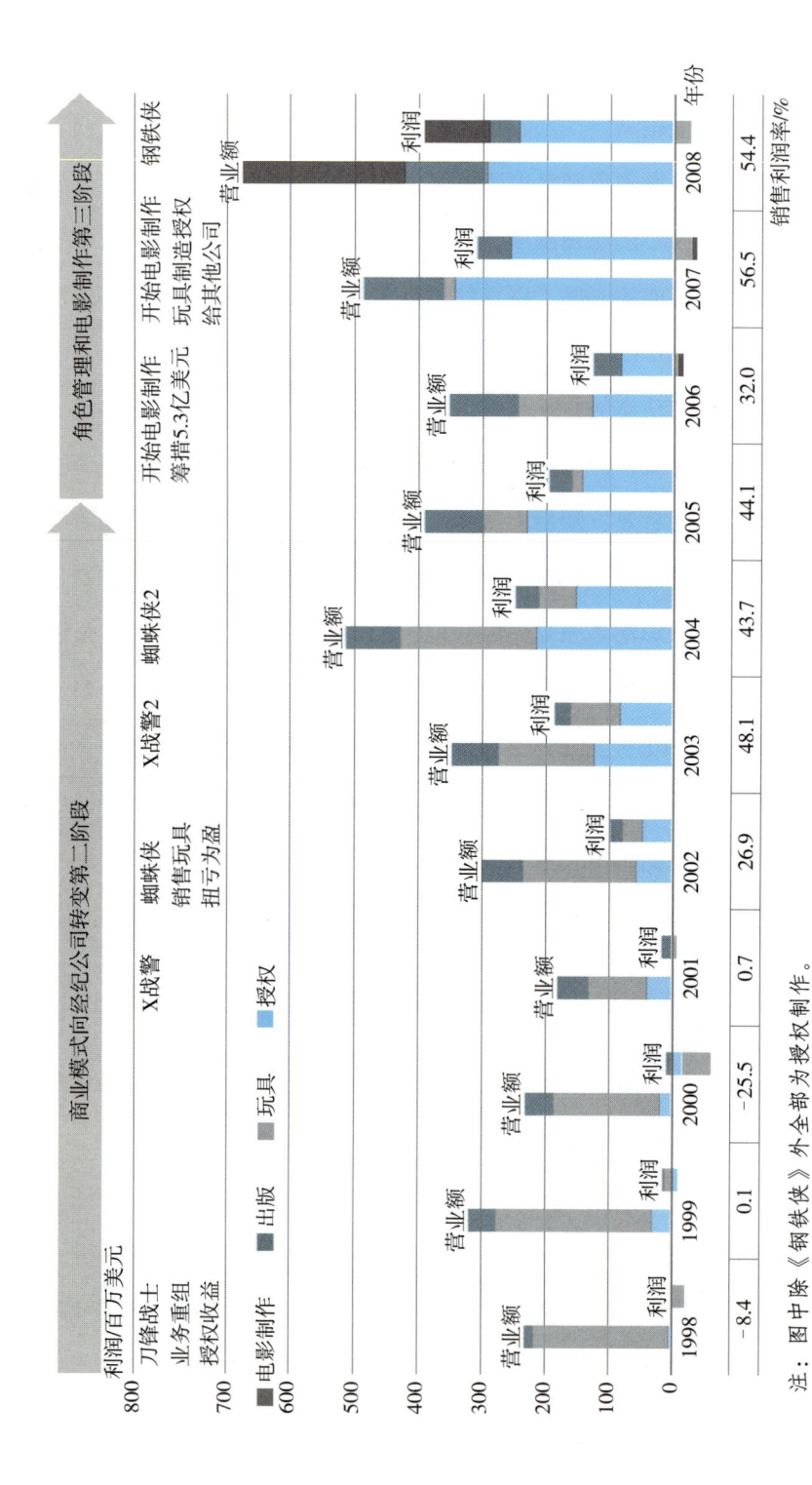

图1.11 漫威各阶段利润结构的变化

(资料来源：根据漫威历年年报制作)

注：图中除《钢铁侠》外全部为授权制作。

028

未停止过前进的脚步。漫威从不安于现状，第三阶段他们希望发展成影视公司，获取新的利润。

《钢铁侠》正是漫威新商业模式的成功，2008年，漫威创收6.8亿美元，净利润3.8亿美元。随着价值获取方式的转变，漫威不断优化自己的价值创造方式，最终实现了商业模式的巨变。

图1.11中，漫威的收益结构一直都在发生着变化。第三阶段，漫威开始制作电影，此时的销售利润率得到了提高，提升幅度连续两次超过50%。

2009年漫威第三阶段转型的成功初步显现，吸引了全世界的目光。迪士尼以42亿美元收购漫威。这家几经破产的老牌漫画出版公司终于成为世界知名影视公司之一，如今电影已是漫威的支柱产业，漫威电影改变了世界电影的历史。

漫威的成功转型告诉我们一个真理，那就是面对商业困境，我们不妨大胆改变商业模式寻求新的希望。对任何一家公司来说，在面临困境时，维护现金流是当务之急，在这种情况下，盈利模式创新尤为关键。

不过漫威从未忘记在盈利模式创新的同时，合理地进行价值创造方式的创新。价值创造和价值获取互为表里，即便其中一方拥有压倒性优势，也无法实现"满足消费者，提高利润"的商业目的。

创新的途径

图1.12展现了漫威商业模式转型过程中，价值获取和价值创造方式的变化。

人们很容易认为，像漫威这样富有创造力的企业会通过创造价值的创新来拓展自己的业务。但令人惊讶的是，盈利模式创新才是漫威走向成功的关键（第一阶段后的创新）。不容忽视的是，有创新精神和创新能力的企业如果不擅长获取价值，势必会面临资金压力。

| 盈利 |

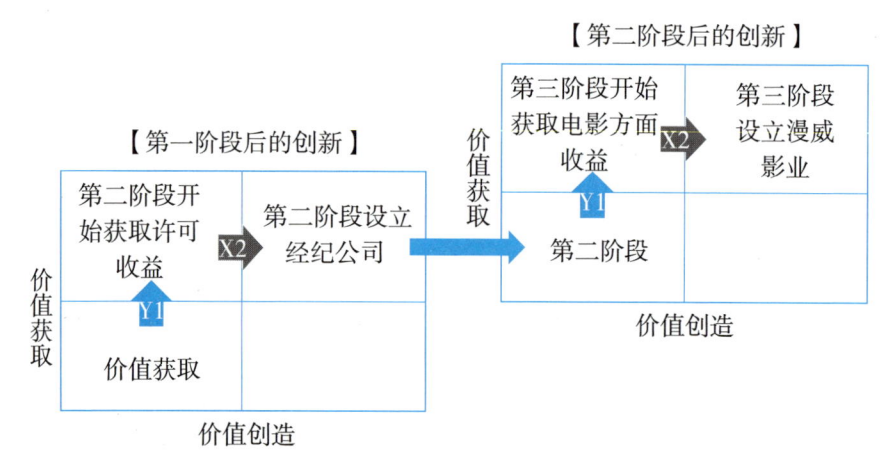

图1.12 漫威的盈利模式创新

因此漫威才要努力通过价值获取，维持漫画创作业务的持续。那么，如果能同时更新价值创造方式，一套新的商业模式也就应运而生了。

漫威并未安于现状，在旗下角色的电影登上大银幕之后，为了让新价值创造方式有更好的用武之地，漫威又开始了新一轮的盈利模式创新。这次创新的成果便是享誉世界的漫威影业，并且漫威的价值创造方式也经历了第三次变更（第二阶段后的创新）。

漫威的老对手是DC漫画。可DC在电影方面却没能取得如漫威般的成就。假如电影的世界观不统一，那么每部作品就只能火爆一时，并且DC的价值获取方式并未成型，价值创造方式也没得到充分发展，最终DC只能原地踏步。

长时间保持低利润，员工也会丧失动力，越来越不擅长改变价值创造方式。安于现状必然导致企业的倾覆。

漫威的成功告诉我们，先改变价值获取方式，进而促使商业模式的变革是非常有效的。而且这绝非特例，漫威的成功对于所有制造、零售类企业而言都是一个重要的启示。

开始盈利模式创新吧

企业不仅要学会创造价值，还要学会改变价值获取方式，这样才能让消费者更加满意，也能让自身获得更大的利润。关注价值获取，可以帮助那些苦于价值创造方式创新的企业拓宽视野，发掘有别于其他企业的特色。

创造价值的心理障碍

前文已经探讨过盈利模式创新的重要性。笔者可以负责任地说，长久以来，日本企业根本没有重视价值获取的意义，他们的"创新"根本算不上真正的"新"。

下面来分析一下，为什么这么多企业只知道价值创造的创新。

原因在于日本企业确实通过价值创造获得过不少成功。

日本企业擅长制造和零售，擅长创造价值，也能屡屡开发出热销商品。并且，借助20世纪80年代泡沫经济的"红利"，这些企业获利颇丰。另外，日本的资本成本较低，企业容易在这种环境中获取利润。

日本企业常年靠单一的价值创造体系就能轻松获利。那时候，企业即便放任自流，多少也能获得一些利润。那是一段光辉岁月，也是日本企业风靡全球的时代。

后来，日本人产生了一种错误信念，那就是"只要拼命创造价值，就一定能获利"。尤其是日本企业，因为生产和零售的成功，他们把工作重心完全放在了创造价值上。

笔者把这种现象称为价值创造心理障碍。价值创造心理障碍的表现是认为商业活动就是创造价值，只关注交易产生的"利润"。

当然，我们应该追求"利润"，但如果我们能跳出价值创造的思维定式，我们一定会发现更多获取利润的方式。过去的成功让日本企业产生了心理障碍，所以

| 盈利 |

他们即便明白这个道理，也不会着手改变价值获取方式。

讽刺的是，价值创造心理障碍已经夺走了日本企业创造价值的能力。日本企业多从事制造业、零售业，在关注利润的同时，他们也会努力思考如何控制好支付意愿和成本，并尽可能最大限度地创造价值。但是实际上还有很多创造利润的方法，而它们就藏在价值获取的背后。

价值获取是指企业通过经营获取利润的过程，它的目的就是产生利润。正如前文所述，这样的创新正在各行各业进行着。

盈利模式创新可以让自家企业价值创造的本领更上一层楼。这种创新方式，能让我们在创造利润方面发现更多新问题。比如，除了现有客户，还有谁会花钱购买我们的产品？我们还需要培养客户吗？除了主要产品，还有哪些产品能让我们获利？为了获利，我们可以多花些时间，但目前公司的体制是否合适？以盈利模式创新促进商业模式转型，可以让整个企业从上到下的思维都变得更加自由。

盈利模式创新大大增加了一个商业策略的选项。有些服务好似"志愿者活动"，但在盈利模式创新的改造下，也能演变成一种新的盈利模式。

为什么一定要关注利润

在创造新利润方面，本书着眼于有别于以往的价值获取概念的多样化收益来源，主要讲解"收益化"是如何帮助企业获取利润的。

提到"收益化"，我们很习惯把它和收益、销售额等概念联系起来。但是本书所说的"利润化（profiting）"指的是为企业获取实打实的利润[①]。

---

① 事实上，关于盈利模式的内容，这本书中往往是指利润产生方式。这个含义直译成日文是："盈利模式"，但原文则是"profit model"或"earning logic"，我们的关注点应该是"如何主动增加盈利"而不是被动收益（revenue）。将profit或earning都翻译成"收益"，显然会造成误解。

图1.13展现了收益化和利润化的区别。

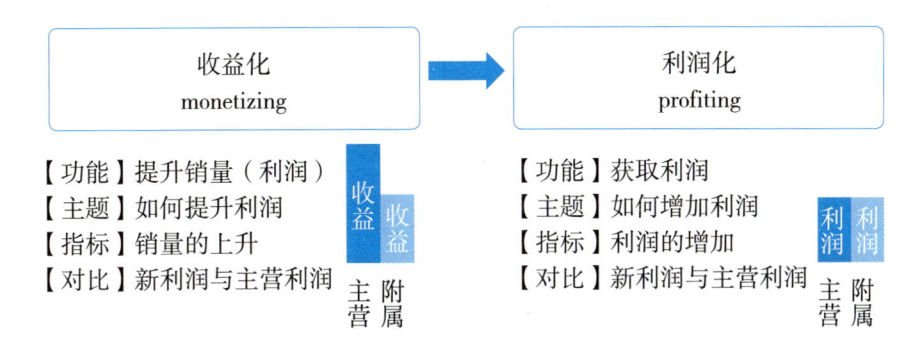

```
        收益化                              利润化
      monetizing          →              profiting

【功能】提升销量（利润）              【功能】获取利润
【主题】如何提升利润                  【主题】如何增加利润
【指标】销量的上升                    【指标】利润的增加
【对比】新利润与主营利润              【对比】新利润与主营利润
         主  附                                主  附
         营  属                                营  属
```

图1.13　从收益化到利润化

利润化考虑的是如何创造利润（销量），利润化则只关注利润。这两个词看上去似乎没有多大区别，但它们的差距在于是否关注新的收益来源，还是只关注利润。两者最大的区别在于如何对待企业核心业务。

收益化不可避免地要求我们关注销量。在寻找多样化收益来源的同时，我们还有思考"销售构成比"。

但是，如果只是这样判断就大错特错了。即便我们倡导收益来源多样化，但这附属业务与核心业务的销量相比，也不过是九牛一毛。两方的销量大概是2亿日元与100亿日元，销量比相当于1比50。不过我们也不能因为这部分利润很少（九牛一毛），就对它毫不在意。实际上一家企业可能有很多收益来源都被人们忽视了。

如果从"利润构成"的角度来看，情况截然不同。如果核心业务创造了100亿日元的销售额，营业利润率为5%，而新增加的收益来源几乎没有产生额外成本，其销售额2亿日元直接就能转换成利润。我们对比一下这两种收益方式，即5亿日元（100亿日元×5%）：2亿日元（2亿日元×100%）。新的收益来源相当于营业利润的40%（2亿日元÷5亿日元）。原来这真不是什么"九牛一毛"啊！

| 盈利 |

如果核心业务遭遇突发状况损失2亿日元，我们可以用附属业务追回核心业务的损失。从利润的角度看，你的观点也会发生巨大变化。

如果只从利润的角度看，我们很容易忽视这部分收益的重要性。所以，只有透过收益来源看利润我们才能做出正确的选择。

本书所讲的"利润化"特指通过开辟、组合各种收益来源，最终为企业带来利润的行为。

另外利润其实也分为许多种类型。仅会计利润就有5种[①]，虽然很容易引起混淆，但除非另有说明，本书仅讨论营业利润。

从盈利模式创新到商业模式转变

本书以盈利模式创新为切入点，倡导通过价值创造的创新，最终促使企业商业模式的转变。图1.14展示了这一过程。

在第2章中笔者将会带大家理解盈利模式创新是如何影响公司发展的。我们还会探究那些真正擅长价值获取的企业是如何通过各种收益来源促进业务发展，同时保障良好的财务数据的。还将为各位读者介绍最典型的30种类型的价值获取方式。

第4章为各位讲述盈利模式创新的前提条件，即本书的基础"收益来源的多样化"。为了复盘企业的所有收益来源，我们将分别探讨收费点、收费用户、收费时机的内涵。为什么我们要先探讨收益再研究利润化呢？是因为利润有时候反而很难被发现，而收益很容易通过销量和价格来确定。但归根结底，不论是销量还是价格，最终都要为获取利润服务，因此我才要和各位探

[①] 会计利润包括毛利、营业利润、正常利润、净利润和税后净利润。对日本企业来说，最重要的是扣除利息费用后的正常利润。这是因为许多传统日本企业都是靠银行借贷（间接融资）壮大起来的。

| 第1章 | 盈利模式创新

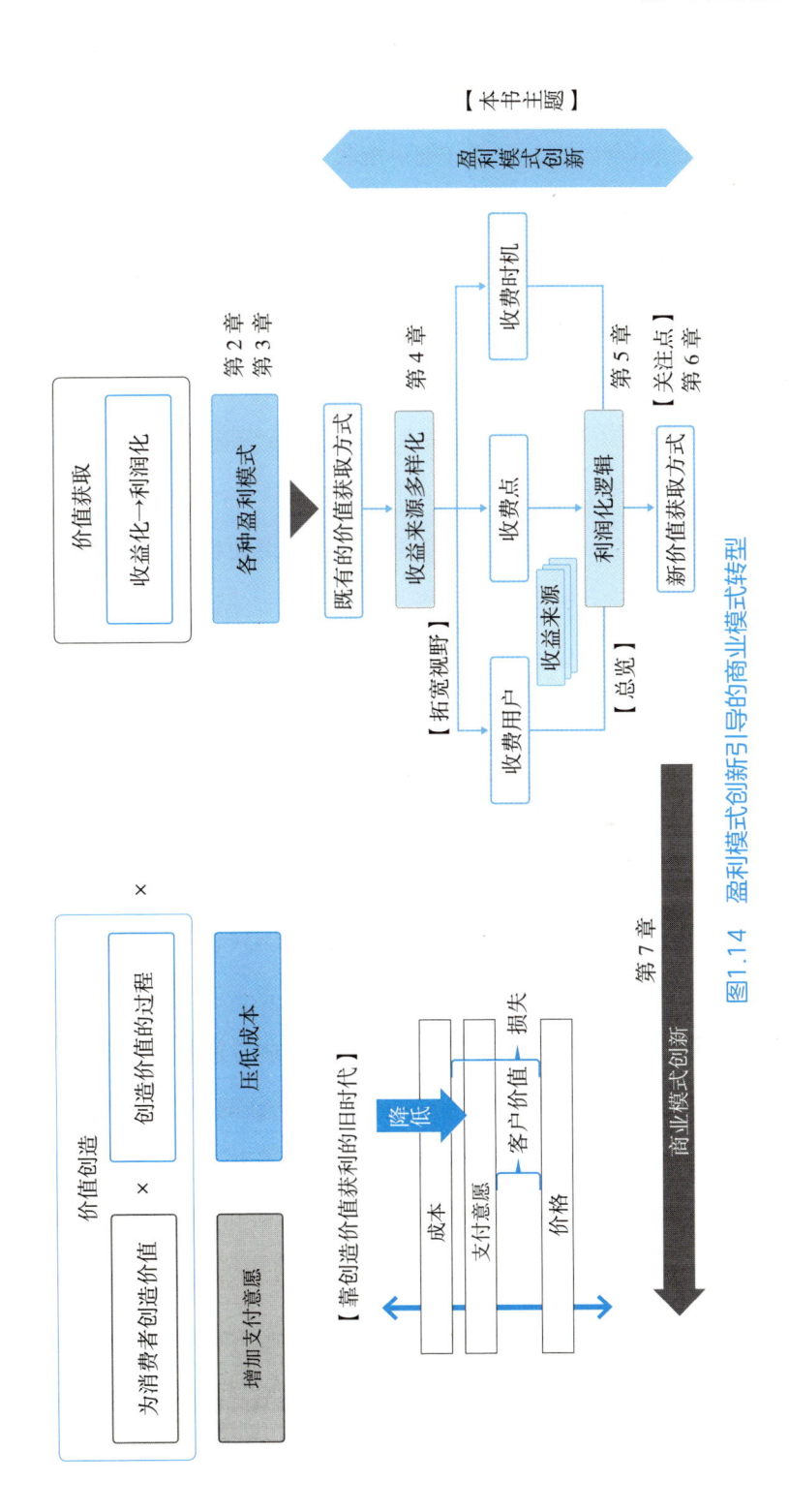

图1.14 盈利模式创新引导的商业模式转型

讨利润的概念和构成。

第5章承接第4章内容，主要详细讲解收费点、收费用户和收费时机是如何为企业创造利润的，以及如何综合应用它们为企业盈利。为了使盈利模式创新取得成果，需要在一定的制度下寻求新的价值获取方式。同时本章也会带各位了解盈利逻辑如何让"利润化"形成独特的体系。

在第6章中，笔者将为各位介绍最适合制造业、零售业企业获取价值的"订阅制"模式和所谓的"经常性收入"，以及这些措施的具体使用方法。

第7章是本书的最后一章，主要为各位讲解我们通过充分利用收益来源多样化和利润化等一系列盈利模式创新手段，改变商业模式的注意事项和必要条件。

只要你能通读本书，就一定会发现价值获取对于任何企业来说都是至关重要的。无论是准备改造价值创造方式的企业，还是经历了多次转型，多次改变价值获取方式的企业，价值获取都可以让他们从完全不同的角度对商业模式进行创新，最终实现伟大的变革。

找到了创新的新角度后，我们看待企业以往业务的方式也会完全改变。或许你身处的企业本来有很多收益来源却被忽视。或者即便有创新的机会，却被你放弃。相信你肯定有过这样的经历。

商业模式的变革是永无止境的。懂得如何获取价值之后，任何企业都能够绘制出更令人惊喜的商业版图，并为消费者创造新的价值。

第2章
盈利模式创新的优秀案例

要点

- 创新型企业如何善用价值获取？
- 从数字中解读盈利模式
- 制造业和零售业也可以实现盈利模式创新吗？

关键词

- 价值获取
- 商品销售
- 服务
- 订阅制
- 温室气体排放配额

本章我们将为各位介绍五家成功完成盈利模式创新的企业。这些企业虽然一度因创新价值创造方式引发关注，但他们获取价值的方式则更为独特。他们并未被所谓的行业标准束缚，而是努力获取价值，实现了盈利模式的创新。

下面我们通过这些企业的财务数据，解读他们实现盈利模式创新的心路历程。

改变价值获取方式

现在很多人用苹果公司的Mac电脑或iPad办公，在亚马逊上购物。很难想象，没有智能设备和网购我们该如何生活。毫不夸张地说，苹果和亚马逊现在正在为制造和销售领域的价值创造设定新标准。

现阶段其他公司很难达到他们的高度。因为苹果和亚马逊在为企业创收的同时也创造了巨大的价值。

同样的策略也被汽车制造业等传统制造业、零售业广泛使用。

特斯拉作为一家科技公司，凭借着令消费者追捧的电动汽车早早确立了行业地位。另外，特斯拉的电动汽车性能优越，自动驾驶技术领先，这也是他们成功的原因。由于特斯拉是一家新兴汽车制造类企业，尽管直到2019年公司依然亏损，但资本市场还是相信有朝一日，特斯拉能够扭亏为盈异军突起。果然，后来特斯拉市值飙升，一举击败丰田，成为行业的新霸主。

开市客是一家仓储卖场，其商品价格低廉且量大。这种被称为Costco

Size①的形式，深受消费者的欢迎。由于所有开市客都在郊区开设，而且消费者主要是开车来卖场大量采购，因此停车场永远都是满满当当。反之如果开市客在商业街开设分店，肯定完全没有竞争优势。但即便我们十分清楚开市客创造了巨大的价值，我们也无法模仿他们，和他们获取同等的回报，因为开市客的价值获取方式与我们熟悉的大为不同。

我们把娱乐产业姑且归类为制造、零售业，而网飞则是一家彻底改变娱乐产业价值获取方式的企业。网飞正在通过均价订阅这种稳定盈利模式创造新的价值。事实上，他们的影响力足以对好莱坞造成威胁。即便是在奥斯卡颁奖典礼上，网飞的作品也常能获得提名，而且网飞的作品确实已经获得了多项重大奖项。

这些企业的工作重心显然是创造价值，但他们也在通过不断创新来获取价值。在图2.1中，右上方表示成功"价值创造、盈利模式创新"的企业。这些企业往往会思考如何获取价值（Y），他们会在创造价值的同时，以非同寻常的手段（Y2）获取利润。他们在创立之初就不会采用同行普遍使用的利润化方式，他们希望自己能掀起行业盈利模式创新的新浪潮（Y1）。

	盈利模式创新	价值创造、盈利模式创新
价值获取 Y	Y1	Y2
	既有商业模式	价值创造方式创新

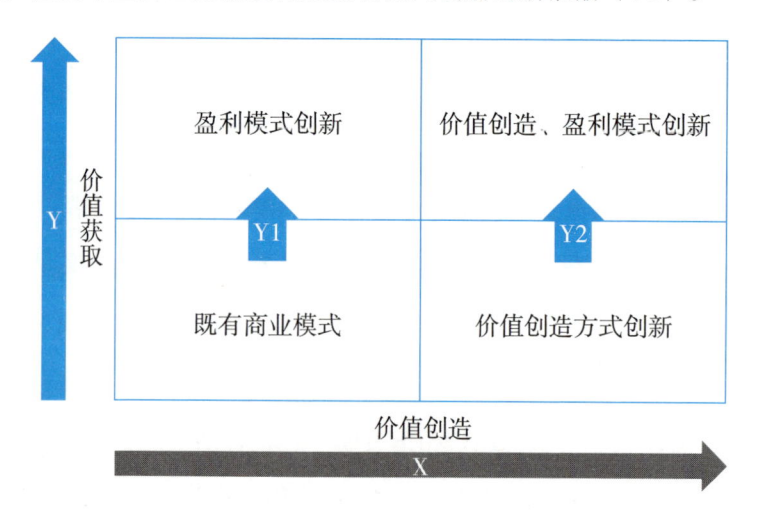

价值创造 X

图2.1 盈利模式创新永远都是重点

---

① 开市客的商品多为捆绑销售，分量十足，这是他们独有的包装方式。——译者注

在尝试价值创造方式的创新时，我们倾向于关注横轴（X），但这些公司却从不同的角度拓宽视野。换言之，他们正在研究如何沿着纵轴（Y）探索价值获取的新方法，随后再挑战盈利模式创新。

创新型企业的价值获取创新

下面我们以苹果、亚马逊、特斯拉、开市客和网飞这5家公司为例，了解一下盈利模式创新是如何体现在数字上的。

苹果——用尖端的商品和服务获取价值

苹果其实没有生产部门，他们采用的是无晶圆生产体系。由于产品为外包生产，因此成本很高，除非扩大销售规模，尽可能降低成本或提高价格，否则难以产生利润。一般手机价格如果超过1 000美元，消费者根本不会"买账"，但iPhone却有这个底气。这是因为苹果拥有品牌价值，这提高了消费者的支付意愿。同时，苹果通过全球大批量销售，在降低成本的同时，也创造了价值。

不过即便是苹果公司，今后想要以这种方式继续获取利润也很难了。只要身处制造业，想要获取更多利润，就只能提高商品价格。但是苹果旗下商品的价格本就不低，几乎没有什么溢价空间了。那么苹果到底要靠什么来提高利润呢？

答案就写在他们的公司年报上，如表2.1所示。

2020年9月，苹果财报显示，其当年销售额为2 745亿美元[①]。其中iPhone

[①] 从本章开始，0.1亿美元以下数额均采用四舍五入计算，因此省略"约"字。

| 盈利 |

（销售额1 378亿美元）对苹果销售额贡献最大，占总销售额的一半以上。而紧随iPhone之后的居然不是任何产品，而是苹果提供的服务。

苹果的服务包括iTunes和App Store上应用程序的销售，以及iCloud和Apple Music等订阅服务。这些服务项目愈发重要，如今已经超过Mac的销售额（286亿美元）。苹果服务项目的销售额已经达到538亿美元，甚至超过了Mac和iPad的销售额总和。

到目前为止，看起来苹果只是增加了收益。那么利润又如何呢？下面我们来仔细了解一下苹果的损益表（表2.2），我们重点关注的是苹果2020财年的业绩。从损益表中可以看到每个产品和服务的成本，这样我们就能推测出这个商品（服务）对利润的影响。

表2.1　苹果销售构成比　　　　　　　　　　　　　　单位：百万美元

销售构成		2018年9月	2019年9月	2020年9月
收益	iPhone	164 888	142 381	137 781
	Mac	25 198	25 740	28 622
	iPad	18 380	21 280	23 724
	可穿戴设备、家居和配饰	17 381	24 482	30 620
	服务	39 748	46 291	53 768
总销售额		265 595	260 174	274 515

资料来源：根据 Apple Form 10-k 2020年度报告制作。

表2.2　苹果的损益表　　　　　　　　　　　　　　单位：百万美元

类型		2018年9月	2019年9月	2020年9月
收益来源	产品	225 847	213 883	220 747
	服务	39 748	46 291	53 768
总销售额		265 595	260 174	274 515

续表

类型		2018年9月	2019年9月	2020年9月
销售成本	产品	148 164	144 996	151 286
	服务	15 592	16 786	18 273
	总销售成本	163 756	161 782	169 559
毛利		101 839	98 392	104 956
运营费用	研发费用	14 236	16 217	18 752
	销售、一般和行政费用	16 705	18 245	19 916
	总运营费用	30 941	34 462	38 668
营业利润		70 898	63 930	66 288

资料来源：根据 Apple Form 10-k 2020年度报告制作。

在2020年财报中，产品总收入（销售额）为2 207亿美元[1]，产品销售成本为1 513亿美元，毛利为694亿美元，毛利率为31.5%。无论客户愿意花多少钱购买苹果的高价设备，商品的销售成本都很高，从这个角度来看苹果产品的毛利水平其实很一般。

另一方面，来自服务的收入（销售额）为538亿美元，其销售成本为183亿美元，毛利率高达66.0%。而且苹果的服务不涉及实体销售，与实际产品相比，运营成本很低。苹果用一套产品加服务的组合拳，使整体毛利率提升至38.2%。通过提供服务获取的利润又能促进整体利润的提高，从而使公司获取价值。因此，扣除各项费用后，苹果的营业利润率达到24.2%。

通过这种方式，苹果成功地通过整合产品销售和服务获取了更多的利润。

我们习惯把苹果当成价值创造方式创新的榜样，但他们始终清醒地认识到，只靠销售商品是不够的。尽管iPhone的销量从未让公司失望，但苹果也

---

[1] 此处作者取了约数，后文同。——编者注

| 盈利 |

感到了一丝不安，公司好像被束缚住了手脚。即便苹果继续开发出更多的产品，价值创造也会遭遇瓶颈，价值获取也会到达极限。

而正是这些顾虑反而成了苹果前进的动力。通过开拓服务项目，苹果实现了iPhone等产品和服务的互补价值获取，进而实现转型。

苹果公司从未把自己当成一家开发和销售产品的企业，而是不断尝试新的获利方式。而且，他们很早就开始尝试盈利模式创新。

苹果公司的眼光向来独到。他们善于从同类企业未曾发现的角度寻求突破。而且他们很早以前就学会了如何进行盈利模式创新。

一切都开始于2003年苹果推出的iTunes业务。iTunes是一项在线收费音乐下载服务。随着便携式音乐播放器iPod（第一代）的推出，iTunes以业内其他公司难以想象的方式成功整合了产品和服务，为苹果核心业务的盈利奠定了基础。

其实iTunes的形式并非苹果首创。当时，音乐共享服务平台Napster已经支持通过互联网下载歌曲，但由于Napster的音乐版权意识淡薄，因此引发了不少争议。苹果则以模仿Napster的方式，并以合法手段创造价值并获取价值。iTunes本身也是一个通过现有价值创造方式实现盈利模式创新的业务。

苹果的价值获取方式仍在不断发展。iTunes恰恰为苹果音乐开了个好头，2015年苹果推出了Apple Music业务，这个业务支持均价订阅，即包月服务。除了音乐，苹果的触角还伸向了电影、游戏和在线存储。2020年10月，苹果推出了Apple One[1]服务，它将苹果的所有业务合而为一，并进一步发展了均价订阅。

通过这些努力，苹果的价值获取方式已经和其他制造业大不相同。商品

---

[1] 苹果公司推出的集Apple Music、Apple TV Plus、Apple Arcade、Apple News Plus和iCloud于一身的捆绑服务。——译者注

销量其实很难预测，但根据订阅服务的销量却可以预测。

自2018年以来的数据看，苹果一直对用户法收费点保持关注，并不断扩展旗下的服务项目。从服务在总销售中的占比来看，占比分别为15%（2018年）、17.8%（2019年）、19.6%（2020年），呈逐年递增趋势。

因此，即便是一家制造业企业，也不能只凭借产品销售获取价值。就拿苹果来说，为了持续创收，他们没有躺在价值创造的"功劳簿"上养尊处优，而是灵活地创新自己价值获取的方式。

亚马逊——以核心业务奉献顾客，以衍生业务获取价值

在过去的20年间，亚马逊彻底改变了人们的购物体验。在亚马逊踏足的行业和市场中，出现了影响各家公司的所谓"亚马逊效应"，亚马逊撼动了整个零售业。亚马逊设计的用户界面吸收了实体店购物的优势，这让更多用户开始习惯使用网购。

除了中国的阿里巴巴这个后起之秀，还没有出现与亚马逊相媲美的在线商店服务。即便是乐天这样的巨头，也只能在日本大展身手，但其服务内容和交易规模根本无法超越亚马逊。

亚马逊善用一对一营销，希望与所有客户建立紧密的联系，又通过展示用户评论、即时发货、品类丰富、退货便捷等特色，以及"剁手星期一"等促销方式，不断提高客户的复购率。他们通过创造价值，提高了客户的支付意愿，同时控制了价格，实现了客户价值的最大化。

许多人认为像亚马逊这样的大型在线商城正在"为所欲为"地攫取利润。至少亚马逊只要靠合理定价和成本控制就能获利。

但事实是，仅靠在线商城是不足以"喂饱"整个公司的。为了补充不足的利润，亚马逊还在开辟新的道路。这才是亚马逊盈利模式创新的独特手段。

| 盈利 |

我们可以从亚马逊的财务报表的细节中看到这一点。首先，我们了解一下亚马逊的收益来源（表2.3）。

表2.3 亚马逊的收益来源　　　　　　　　　　　　　　　　　单位：百万美元

	类型	2018年12月	2019年12月	2020年12月
收益来源	线上商城	122 987	141 247	197 346
	实体店	17 224	17 192	16 227
	第三方	42 745	53 762	80 461
	各种服务会员费	14 168	19 210	25 207
	亚马逊云服务（Amazon Web services AWS）①	25 655	35 026	45 370
	其他	10 108	14 085	21 453
合并销售额		232 887	280 522	386 064

资料来源：根据Amazon Form 10-k2020年度报告制作。

据2020年12月的财年报告称，亚马逊当年总收入为3 861亿美元。除了线上商城的收益（1 973亿美元），亚马逊收益还包括Whole Foods②和Amazon Books③等实体店的销售额（162亿美元）以及向第三方收取的商场租金（805亿美元）和亚马逊Prime会员④等会员费（252亿美元）。

很多人都能猜测到，亚马逊的收益来源主要是线上商城、实体店以及周边服务。但实际上这只是亚马逊收益来源的冰山一角。

---

① 亚马逊云服务是全球最全面、应用最广泛的云平台，从全球数据中心提供超过200项功能齐全的服务。——译者注
② 美国超市，于1978年成立于得克萨斯州的奥斯汀。旗下品牌包括365、Whole Paws、Whole Catch等，都能在亚马逊商城买到。——译者注
③ 亚马逊首家实体书店，坐落在华盛顿州的西雅图市。——译者注
④ 亚马逊推出的VIP会员服务。——译者注

亚马逊网络服务是一项B2B领域的服务器租赁业务，这项服务为亚马逊创收454亿美元。虽然其收入仅为线下门店收入的23.0%，但这对亚马逊来说的确是一次盈利模式创新。

为了进一步了解亚马逊的价值获取方式，请看亚马逊细分信息表（表2.4）。

表2.4 亚马逊细分信息表

单位：百万美元

细分类型		2018年12月	2019年12月	2020年12月
北美（零售）	销售额	141 366	170 773	236 282
	运营费用	134 099	163 740	227 631
	营业利润	7 267	7 033	8 651
北美以外	销售额	65 866	74 723	104 412
	运营费用	68 008	76 416	103 695
	营业利润	-2 124	-1 693	717
AWS	销售额	25 655	35 026	45 370
	运营费用	18 359	25 825	31 839
	营业利润	7 296	9 201	13 531
总计	销售额	232 887	280 522	386 064
	运营费用	220 466	265 981	363 165
	营业利润	12 421	14 541	22 899
	营业外损益	-1 160	-565	1 279
	所得税	-1 197	-2 374	-2 863
	采用权益法核算的关联公司	9	-14	16
	净收入	10 073	11 588	21 331

资料来源：根据Amazon Form 10-k2020年度报告制作。

亚马逊在2020年拿下了229亿美元的营业利润，占销售额的5.9%。对于零售分销业而言，这个数字中规中矩。但亚马逊的价值获取方式与普通零售分

| 盈利 |

销业完全不同。

我们先看一下作为盈利支柱的零售领域2020财年数据。在北美地区，这部分的营业利润为87亿美元，销售额为2 363亿美元，即营业利润率仅为3.7%左右。在北美以外，亚马逊的销售额为1 044亿美元，而营业利润约为7亿美元，营业利润率仅为0.7%左右。可见，亚马逊产品零售业务的利润都不算丰厚。

2020年，受新冠肺炎疫情影响，人们对网购的需求增大，因此亚马逊的营业利润显著增加。但在此前2018年和2019年的"平安年代"，北美以外地区的营业利润居然是负数。事实上亚马逊是抱着"宁可赔本赚吆喝"的决心不断创造客户价值的。虽然亚马逊能接受亏损，但其他公司只盼着公司能正常盈利。

事实上，经营百货、图书零售等的实体店，只是单纯靠卖货赚钱，已经很难获取价值了。他们承受不住亚马逊的打击，更不可能有"赔本赚吆喝"的决心。这才是亚马逊真正的"可怕"之处。

但亚马逊怎能甘心赔本，它还能通过B2B业务的AWS收益来增加公司的收益来源。如前文所述，AWS业务的销售额远不及B2C业务，它只能为公司带来454亿美元（2020年）的销售额，而北美和其他地区的销售额之和则达到了3 407亿美元。单从收益角度来看，AWS收益只占总收益的11.8%左右，这似乎并没有什么吸引力。

但是如果我们把目光投向利润，看法可能大有不同。在营业利润方面，美国本土和海外的B2C业务创收94亿美元（87＋7），而AWS收益则达到了135亿美元。与B2C业务相比，这是一个惊人的数字。

如果没有AWS这个收入来源，亚马逊的营业利润率就会很低。当然，亚马逊敢于在研发方面"烧钱"，来鼓励客户选择他们的B2C业务，这就是他们利润蒸发的原因。但是，现金流断裂，就无法支撑研发费用，因此亚马逊要靠AWS的利润为研发经费"加料"。AWS确保与主要业务——在线商店分开的利润来源并维护公司活动。同时，亚马逊依靠核心业务——线上商城的收益维持公司正常运行。

在核心业务方面，亚马逊冒着亏本的风险努力创造最大价值并不断获取价值。亚马逊的盈利模式创新理念是开辟核心业务之外的收益。他们开创性地以AWS服务获利。这种商业模式是那些仅在零售分销领域专营的企业无法比拟的。零售分销行业没有未来，除非他们能发现除销售以外的收益来源，并彻底进行盈利模式创新！

特斯拉——与竞争企业争夺利润，打造制造业品牌

特斯拉的盈利模式创新形式尤为特殊。

特斯拉通过明确定位客户，再向目标客户提供最物有所值的电动汽车来创造价值。2012年发售的高级轿车Model S和高级SUV Model X都应用了特斯拉独特的自动驾驶技术且加速性能优越。特斯拉创造了有别于其他汽车品牌的独特价值，也正因此他们才能提高消费者的支付意愿。

凭借销售Model S和Model X获得的利润，特斯拉又在2016年发布了Model 3。Model 3最初以低于50 000美元的价格上市，在美国大受欢迎。至此，特斯拉全面进入汽车大众价位区间，将部分Model 3的生产基地迁往中国，以便在全球范围内推广。特斯拉打造了一个支持在全球范围内供货的体系，同时大幅压缩生产成本，进一步降低了汽车售价。

特斯拉作为一家新兴汽车制造商，他们创造价值的成功案例的确令人敬佩。但是，特斯拉的财务状况并不足以支撑他们继续创造价值。因此特斯拉的价值获取并不只依赖汽车销售，而是通过一套独特的策略实现的。

下面我们通过表2.5来了解这一点。

表2.5　特斯拉财务数据　　　　　　　　　　　单位：百万美元

细分类型		2018年12月	2019年12月	2020年12月
收益（销售额）	汽车销售	17 632	19 952	26 184

| 盈利 |

续表

细分类型		2018年12月	2019年12月	2020年12月
收益（销售额）	汽车租赁销售	883	869	1 052
	汽车相关总收入	18 515	20 821	27 236
	发电系统及充电器	1 555	1 531	1 994
	服务及其他	1 391	2 226	2 306
总收入		21 461	24 578	31 536
销售成本	汽车销售	13 686	15 939	19 696
	汽车租赁销售	488	459	563
	汽车相关总收入	14 174	16 398	20 259
	发电系统及充电器	1 365	1 341	1 976
	服务及其他	1 880	2 770	2 671
	总销售成本	17 419	20 509	24 906
毛利		4 042	4 069	6 630
营业费用	研发费用	1 460	1 343	1 491
	销售、一般和行政费用	2 835	2 646	3 145
	结构改革费用及其他	135	149	—
	总运营费用	4 430	4 138	4 636
	营业损益	−388	−69	1 994
	利息花费	663	685	748
	利息收入	24	44	30
	其他损益	22	45	−122
	所得税前收入	−1 005	−665	1 154
	企业税	58	110	292
	净收入	−1 063	−775	862

资料来源：根据Tesla Form 10-k2020年度报告制作。

首先，让我们看一下特斯拉的损益表（表2.6）。通过这张表，我们发现特斯拉处于持续亏损状态。

表2.6 特斯拉损益表　　　　　　　　　　　单位：百万美元

类型		2018年12月	2019年12月	2020年12月
收益（销售额）	没有购置承诺的汽车销售	15 810	19 212	24 053
	有购置承诺的汽车销售	1 403	146	551
	碳排放权出售	419	594	1 580
	充电和充电电池销售	1 056	1 000	1 477
	服务/其他	1 391	2 226	2 306
	销售和服务收入总额	20 079	23 178	29 967
	汽车租赁	883	869	1 052
	充电和充电电池租赁	499	531	517
总销售额		21 461	24 578	31 536

资料来源：根据Tesla Form 10-k2020年度报告制作。

2018年，物美价廉的Model 3开始进入全球市场，当时特斯拉正面临着3.9亿美元的营业亏损，2019年特斯拉仍旧有7 000万美元的营业亏损。直到2020年，特斯拉终于扭亏为盈，实现营业利润20亿美元，首次实现净利润8.6亿美元的飞跃。然而，如果特斯拉仅靠制造和销售汽车来创造价值，公司仍旧要面对巨大的亏损。

生产传统燃油动力汽车的企业势必会对环境造成破坏，因此在一定程度上被限制了生产，一旦生产和销售超过限制，就会遭到国家的严惩。特斯拉自成立以来，只生产电动汽车，从不会触犯排放法规，因此每生产一台汽车都会产生多余的排放配额。特斯拉会把这部分配额出售给其他公司来为自己盈利。这正是表2.6中的"碳排放权出售"。

将排放配额出售给竞争对手，这种盈利模式创新的思路是同行业其他公司难以想象的。

从表2.5可以看出，特斯拉2018年最终亏损10.6亿美元，2019年亏损7.8亿

| 盈利 |

美元，2020年盈利8.6亿美元。而表2.6则显示了特斯拉通过出售碳排放配额大大扭转了企业的亏损。特斯拉碳排放配额利润2018年为4.2亿美元，2019年为5.9亿美元，2020年为15.8亿美元。

如果特斯拉不出售碳排放配额呢？那么特斯拉2018年亏损14.8亿美元，2019年亏损13.7亿美元。即便在2020年，特斯拉还要亏损7.2亿美元。

特斯拉利用其独特的价值获取优势，为汽车制造业的价值创造方式提供了新思路。而后特斯拉又通过碳排放配额交易的价值获取方式，最大限度地减少亏损，使企业充满勃勃生机，也为企业创收发挥了作用。

但是要构建不输其汽车制造类企业的生产体系，实现质量与利润并重还需要很长时间的打磨。这就是汽车产业的"高门槛"。

许多车企已经开始自主研发不排放二氧化碳的电动汽车和氢能源汽车，这可以让企业逐步抵消碳排放配额，最终企业可能停止生产燃油动力汽车。如果这样，汽车碳排放配额也将逐渐贬值。

特斯拉给汽车行业的启示是：只有清晰地洞见未来，尽早构建汽车行业价值创造和价值获取体系才能维持生存。如今，汽车行业要面对逐步取消碳排放配额的事实。车企应该通过价值创造来谋求利润（图2.2）。

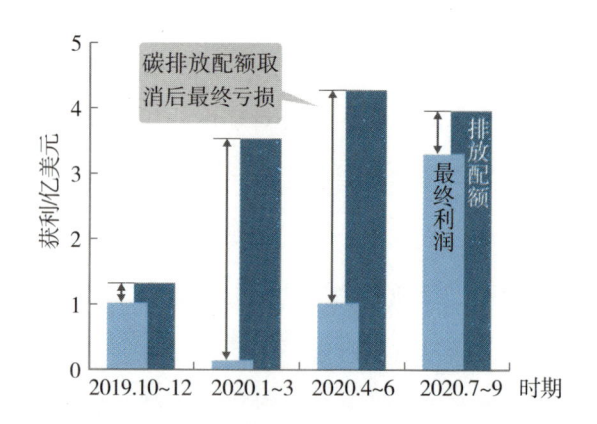

图2.2 通过温室气体排放配额制度获利的时代已经落幕

资料来源：根据2020年10月22日《日本经济新闻》早间版制作

特斯拉计划进一步开展新的盈利模式创新。2020年后特斯拉发布的新款车都开始搭载完全自动驾驶系统，这款新型人工智能系统功能比上一代更加强大，并且可以通过软件大幅提高驾驶性能。

特斯拉此前推出的车型搭载的软件虽然持续更新，但搭载完全自动驾驶系统的车辆的自动驾驶精确度远超上一代，尤其是行人识别、信号灯识别方面更是得到了脱胎换骨的升级。下一步特斯拉将通过订阅（会员）制，为停售的车型提供自动驾驶系统升级服务。

2020年5月，特斯拉的企业价值已经超过了前任冠军丰田。有投资者认为，特斯拉通过软件服务开辟了新的收益来源，今后必然会给公司带来更多利润。

制造类企业靠销售获利。但这需要大量的知识、技术、时间和投资。因此我们需要找到新的价值获取方式，同时继续创造价值，避免企业亏损破产。特斯拉正是盈利模式创新的典范，特斯拉的成功值得我们所有人尊敬。

开市客——以会员费获取利润

开市客是一家拥有大型仓储式卖场的企业。开市客最开始的目标客户是批发商，所以他们当年专注商品批发。开市客采用批发价销售，这吸引了大量企业（零售业）客户，但如今即便是一般顾客也能在开市客以批发价购买商品。这种独特的购物体验，让顾客觉得"薅到了羊毛"。

开市客自从创办之初就实行会员制，并为会员提供专有服务，这也是开市客的一大特色。截至2020年8月，开市客的会员人数已经超过1亿。开市客通过"会员制"的价值获取方式，既保证了稳定的销售利润，又实现了盈利模式的创新。

会员比例方面，公司会员约占两成，个人会员占八成左右（表2.7）。

表2.7 开市客会员人数　　　　　　　　　　　　　　　　单位：千人

类型	2018年8月	2019年8月	2020年8月
个人会员人数（收费）	40 700	42 900	46 800
企业会员人数（收费）	10 900	11 000	11 300
付费会员数	51 600	53 900	58 100
家庭卡（免费）	42 700	44 600	47 400
持卡总数	94 300	98 500	105 500

资料来源：根据Costco Wholesale Form 10-k2020年度报告制作。

开市客的吸引力在于，它以极低的价格在大型仓储式卖场中销售比其他商超规格更大的产品，这就是他们引以为豪的"Costco Size"。依靠独特的客户体验，开市客为消费者带来了震撼和惊喜，因此回头客不断。那么如此低价的开市客是如何实现价值创造的呢？

毛利是很重要的。即便分销业靠进货、收货获利，也要将毛利保持在40%左右。毛利可以维持企业的固定开销，如员工工资和租金等。假如企业毛利太低，企业就不能正常运营。

开市客的价值获取策略非常优秀，因为开市客模仿其他分销行业，靠大规模销售大幅压低成本，打破了价值创造的固定套路。表2.8恰恰为我们说明了这一点。

图2.8 开市客财务数据　　　　　　　　　　　　　　　　单位：百万美元

类型		2018年8月	2019年8月	2020年8月
收益	销售额	138 434	149 351	163 220
	会员费	3 142	3 352	3 541
总收入		141 576	152 703	166 761
运营费用	销售成本	123 152	132 886	144 939

续表

类型		2018年8月	2019年8月	2020年8月
运营费用	销售、一般和行政费用	13 876	14 994	16 332
	开业准备费用	68	86	55
营业利润		4 480	4 737	5 435
其他收入（费用）	利息支出	159	150	160
	利息收入	121	178	92
	税前收入	4 442	4 765	5 367
	企业税	1 263	1 061	1 308
	包括非控股权益在内的净收入	3 179	3 704	4 059
	非控股权益净收入	45	45	57
净收入		3 134	3 659	4 002

资料来源：根据Costco Wholesale Form 10-k2020年度报告制作。

我们可以从2020年8月的数据来计算开市客的毛利率。据2020年，开市客毛利润183亿美元（1 632亿美元—1 449亿美元），销售额为1 632亿美元，可计算毛利率为11.2%。按照同样的办法推算开市客历年毛利润，结果发现开市客通过销售获得的毛利润仅占总销售额的10%。

自开市客成立以来，这种趋势一直存在。开市客以低廉的价格吸引顾客，但他们的成本与其他分销行业并没有什么差距。如果从毛利中扣除公司固定开销163亿美元，那么营业利润就只剩下19亿美元，而营业利润率仅为1.2%。可见开市客在产品销售方面根本没有多大利润空间，但这种价值获取方式其实是开市客有意为之。

开市客十分清楚"销售其实不赚钱"。

那么开市客到底靠什么赚钱呢？答案是"会员费"。

开市客有一种有别于销售的特殊价值获取机制，那就是"会员费"。顾

| 盈利 |

客只有成为会员，才能在开市客开开心心地购物。初次来开市客购物就要先交会员年费。美国开市客年费从60美元到120美元不等，每个会员等级享受的折扣各不相同。截至2021年，开市客在日本的个人会员有两个会员等级，会员费分别为每年4 400日元和每年9 000日元。

会员费按年缴费，属于预付形式，因此开市客可以早早获得这笔款项。而且会员费没有其他附加成本，利润100%归开市客。因此即便销售商品的利润再低，开市客也能通过会员费获得稳定的现金流，而不必看投资人和银行的脸色，为融资煞费苦心。会员费的利润让开市客得以实现独特的价值创造方式。

我们接着分析，每年会员费相当于销售额的2%，这几乎跟开市客的税后利润持平。2018年，开市客会员费收入为31亿美元，当年税后利润同样是31亿，2019年会员费收入为34亿美元，税后利润为37亿美元，2020年会员费收入为35亿美元，税后利润为40亿美元，可见数字相当接近。换言之，会员费几乎就是开市客的最终利润。如果开市客没有会员费这笔收入，那么几乎就处于不盈利状态了。

人们普遍关注开市客的价值创造方式，包括他们的低价、大规格商品等形式。但是靠会员费保证利润的价值获取方式才是他们的"秘密武器"。开市客靠着有别于一众同行的盈利模式创新，震惊了整个分销行业。

网飞——以订阅获利

网飞给传统的DVD租赁行业带来了订阅制的盈利模式创新风潮。网飞诞生的契机是：网飞CEO小威尔蒙特·里德·哈斯廷斯（Wilmot Reed Hastings, Jr.）有一次在大型DVD连锁租赁店Blockbuster租了一张《阿波罗13号》的DVD，结果忘记返还最后被狠狠扣了一笔滞纳金。这还真是一件趣闻[①]。

---

① 而后有人认为这不过是网飞的杜撰。

我们姑且不论这件事是真是假，正是这件逸闻改变了网飞的价值获取方式。

原本租赁业靠的就是单部作品的租赁费和高额的滞纳金获利，而连续收取定额费用的新形势给行业带来了巨变。

网飞在1997年开始在其网站上通过邮件出租DVD。在当时，这绝对算得上一次突破。当时像Blockbuster一样的录音带、DVD租赁店主要是通过"计时收费"获利的，而网飞则采用均价订阅制与传统租赁业抗衡。网飞会事先规定可以借阅的影片数量，只要在数量范围内，用户可以自由租赁想要观赏的影片。

对于那些想多看几张DVD的人来说，他们可以通过频繁替换，观赏更多影片，而那些想慢慢欣赏一部电影的人，也可以长时间把喜欢的电影光碟留在家里。只要定期缴费，就不会被收取"滞纳金"。

网飞的这种价值获取方式受到广大消费者的欢迎，于是均价订阅加邮寄租赁的形式很快便流行了起来。之后网络和宽带业务普及，邮寄DVD的形式被在线播放替代，最终成为主流。这就是如今网飞的雏形。

10美元左右顶多是一张电影票的价格，而仅仅这10美元能让你在一个月内的任何时间，尽情享受观影的乐趣。除了经典影片，网飞还为用户提供原创电影、电视剧等无数资源。而且网飞倾情打造的原创影片质量上乘，获得大批粉丝的青睐。

下面请看表2.9，我们从数字上分析一下网飞的价值获取方式。

表2.9　网飞的成长

类型	2016年12月	2017年12月	2018年12月	2019年12月	2020年12月
销售额/百万美元	8 831	11 693	15 794	20 156	24 996
营业利润/百万美元	380	839	1 605	2 604	4 585

续表

类型	2016年12月	2017年12月	2018年12月	2019年12月	2020年12月
营业利率/%	4	7	10	13	18
当年净利润/百万美元	187	559	1 211	1 887	2 761

资料来源：根据Netflix Form 10-k 2020年度报告制作。

2020年12月财年，网飞的销售额为250亿美元，营业利润为46亿美元。而2016年是网飞真正走向全球的初始之年，2016年12月财年，他们的销售额为88亿美元，营业利润只有3.8亿。相比之下，这4年间网飞实现了飞跃式的成长。

请注意观察营业利润率。2016年，网飞的营业利润率仅为4%，而到了2020年则上升到18%。要知道仅凭削减成本促进运营顺畅是很难达到这个数字的。事实上，随着网飞的会员人数大幅增加，会员费也是水涨船高。换言之，均价订阅模式提高了销售额，更是大幅提高了营业利润。

2020年网飞会员人数受新冠肺炎疫情影响，比前一年增加了3 657万人，如今网飞的会员人数已经达到约2亿人（表2.10）。而网飞的会员费则为公司的价值创造提供了强大的资金支持。

表2.10 网飞会员人数趋势　　　　　　　　　　　　单位：千人

类型	2016年12月	2017年12月	2018年12月	2019年12月	2020年12月
付费会员人数	89 090	110 644	139 259	167 090	203 663
付费会员净增长	18 251	21 554	28 615	27 831	36 573

资料来源：根据 Netflix Form 10-k 2020年度报告制作。

维持会员人数是订阅制的生命线。如今网飞以外的视频平台都开始采用订阅制，这些平台提供的视频也大致相同。从这个角度来看，网飞的服务似乎和其他平台大同小异。因此，如果只是利用均价的便利性，最终各家平台只能陷入无尽的价格战争。

不过，网飞还是独具特色的。他们的原创作品才是吸引用户的最大特点。网飞不惜重金支持自己的原创作品，而且还会通过大数据分析用户的喜好。网飞以这种方式为用户提供优质资源，也会让用户潜移默化地选择续费。

网飞本身是流媒体播放平台，但通过参与影视制作，正在创造"内容产业SPA（生产销售）"的价值。最终网飞成功提高了用户的支付意愿，即便会员费一涨再涨，会员数量也在稳步上升。

网飞通过盈利模式创新改变了价值获取方式和价值创造方式。网飞已经不再只是一家从事内容产业的公司，而是开始涉足影视制作，他们甚至对传统电影行业造成了巨大的冲击。网飞的竞争对手已经不再是视频平台，而是好莱坞的各大影视公司。

诸如派拉蒙影业、环球影业和华纳兄弟等影视公司的价值获取方式主要是从投资人手中获取大量资金，再用巨额成本拍摄电影播放并获取利润。但这些企业必须面对下面这三个问题。

第一，如果企业无法如愿筹措到资金，电影制作势必遭遇阻碍。一旦遭遇金融危机，资金更是难以到位。

第二，投资人和赞助商的想法可能会左右作品的质量。如果投资人对作品发表意见，作品的风格可能被扭曲，甚至会出现资方与制作方发生争执的情况。

第三，一旦作品不够卖座，就无法收回成本。一部电影是否能叫好叫座，这实在难以预料。一旦不能收回成本，下次筹措资金将会面临阻碍，想要再出新作、大作就更加困难了。

而网飞的价值获取方式是向用户收取均价的会员费，然后将这笔资金用于制作影视作品以吸引更多用户。用于制作影视作品的资金来自用户会员费，网飞只需要承担不足部分的资金即可。这就是网飞可以制作出用户满意

| 盈利 |

的作品的原因。

网飞在制作影视作品时，会充分利用大数据，尽可能满足用户的需求。这样做一方面增加了网飞的吸引力，吸引大量新用户。另一方面通过这种良性循环，本来充满不确定性的影视作品，变成了一种有根据、看得见、摸得着的"产品"。

事实上，网飞已经出品了不少佳作，原本奥斯卡奖被好莱坞电影霸占，但如今网飞的作品打破了这个"规律"。 网飞靠会员费获取价值，因此不必担心电影制作费用，制作组也能安心拍摄出高质量的作品。

1997年DVD租赁行业的盈利模式创新震撼了庞大的电影行业。价值获取对价值创造有很大的影响。盈利模式创新可以打破行业常态，带来全新的价值观。

收益模式创新的成果

我们已经见证了五家企业实现盈利模式创新的传奇。

这五家企业都因其出色的价值获取方式而获得了丰厚的利润。这意味着，即便一家企业实现了震惊世界的创新，如果还是只靠核心业务获取价值，久而久之也无法持续获得利润。

苹果不仅靠自家的产品获利，还靠服务项目谋求更大利润；亚马逊不单靠电商业务创收，还开设了AWS服务；特斯拉不仅销售汽车，还会销售碳排放配额；开市客不单纯销售商品，也会通过收取顾客的会员费扩充利润，这些企业都是通过开辟新的价值获取方式来支持核心业务的发展。如果你的行业无法盈利，为什么不试试寻找核心业务之外的价值获取方式呢[1]？

---

[1] 网飞如今已经停止了DVD出租业务，而是通过每月收取会员费支持原创作品的拍摄。

虽然这五家企业的价值获取方式对当下的我们而言已经不算新鲜，但要知道，正是这五家企业最早发现，并成功地将这些价值获取方式结合自身特点，形成了独一无二的商业模式。

当我们从商业角度评价这些价值获取方式时，我们能发现什么？我们来看表2.11，其列举了这些企业2020年末的财务数据。

我们可以用金融界常用的投资资本回报率（ROIC）来研究一下这几家企业的收益。可以看出，各家公司都是通过充分利用关键收益来源获取价值，最终获得了可观的利润。

那么图表中的数字是否已经超出了你的预期呢？如果从资本回报率中减去每家公司的加权平均资本成本[①]，我们可以发现利润率已经超出预期。苹果（22.7%）、亚马逊（7.5%）、开市客（11.4%）、网飞（8.1%）这些企业都是通过各种收益来源，创造了超越预期的高利润率。显然他们的创新是成功的！

表2.11　最终价值获取

类型	苹果	亚马逊	特斯拉	开市客	网飞
投资资本回报率/%	29.7	14.7	6.7	17.4	14.6
加权平均资本成本/%	7	7.25	8	6	6.5
利润率高于预期/%	22.7	7.5	−1.3	11.4	8.1
收益关键	服务	AWS	碳排放配额	年会员费	订阅

注：1.所有数据均为截至2020财年的数据。
　　2.投资资本回报率是使用每家公司10-k表格的财务信息计算的，加权平均资本成本是使用finbox.com的数据计算的。

[①] 加权平均资本成本是指资本市场对公司的预期资本回报率。有息债务和股东权益的回报成本（预期收益率）根据各自的资本构成比率采用加权平均法计算。

尽管特斯拉并没有实现超出预期的利润率（–1.3%），但特斯拉凭借出售碳排放配额，避免卷入投资数额巨大、竞争激烈的汽车产业的纷争，从而防止企业遭遇同行的冲击。

可见，那些擅长价值创造的企业也会在价值获取方面做足功夫。而那些发展陷入停滞的传统制造业、零售类企业自然也要在这方面多多努力。

这五家企业看起来像是"剑走偏锋的特色企业"，但如果你真的想要把他们当成特例去学习，你就会发现他们其实没有太多值得效法的"秘诀"。我们更该关注的是"赚钱的方法"。一旦摸索到自己的盈利方式，我们不需要花太多时间四处寻找收益来源，就能高效地完成盈利模式创新。

第3章
拓宽价值获取的视野

要点

- 纵览代表性价值获取类别
- 除销售商品外还有哪些价值获取方式?
- 价值获取由收益来源决定

关键词

- 商品销售以外
- 30 种价值获取方式
- 产生商业利润的机制
- 收益来源多元化

第3章 | 拓宽价值获取的视野

盈利模式创新是指在价值创造已经不能产生利润的时代，寻找突破常规思维的新价值获取方式。我们在第2章中共同见证了五家企业通过崭新的价值获取方式取得了长足的发展。

事实上，如果我们要主动开始进行盈利模式创新，就要先考虑如何改变企业现有的价值获取方式。在本章中，笔者将为各位介绍目前商界普遍使用的30种价值获取方式。

价值获取方式的分类很早之前就已出现。最早也是最有名的是阿德里安·斯莱沃特基（Adrian Slywottky）在1997年提出的"利润模型"理论，他把盈利模式分成了22类。

虽然这些分类的依据主要是产生利润的方式，但其中也包含着创造价值的概念，因此也完全适用于这个时代的商业模式。阿德里安的分类是具有开创性意义的，他给我们提供了思维的起点。不过由于这属于早期商业模式分类，因此有不少重复的内容。

此后人们一直在研究企业获利形式的分类。特别是进入互联网时代之后，人们发现了更多获取利润的方式。2014年，奥利弗·加斯曼（Oliver Gassmann）对商业模式进行了一次"样本分类"，共列举出了55种盈利模式。

加斯曼的分类方式也十分有名，但他搜集样本的主要目的是商业模式的分类，因此在如何满足消费者需求、降低生产成本等价值创造方式方面引发了很多争议。换言之，加斯曼列举的分类方式都和支付意愿、成本相关，而这些恰恰都是通过价值创造获取利润的手段，而不是直接从盈利角度进行分类。

另一方面，比尔·欧莱特（Bill Ouellette）总结了17种盈利模式[①]。然而，其中一些分类却是并列的，这实在让人摸不着头脑。除了纯粹的商业利润方面的价值获取方式（如成本加成和订阅），他还列出了收益来源（广告和交易费），以及若干个抽象程度和其余类别截然不同的特别案例（手机计划报废和停车表），这些部分很令人费解。

综上所述，笔者认为有必要以盈利模式创新为中心，重新梳理一下价值获取方式。

在本章中，笔者会把价值获取理解为从商业活动中回收利润的活动，并总结出30种具体的价值获取方式（表3.1）。这30种方式涵盖了所有知名的价值获取方式，恰似一张产品目录。笔者还研究了不少近似的价值获取方式，并尽可能完整收集，避免遗漏、偏差或重复。希望笔者的成果能帮助你找到最适合你的价值获取方式。

表3.1　30种以价值获取为导向的商业价值获取方式

价值获取方式	概述	代表案例
①产品销售	所有产品都有固定的利润	丰田、优衣库
②服务行业的产品销售	服务业加产品销售，双重获利	全日空
③产品组合	通过组合不同利润率的产品来获取利润	分销、度假
④非主打商品	与主打产品一同销售获取更多利润	餐饮业
⑤多成分	产品内容相同，但利润时常有变化	可口可乐

[①] 欧莱特提出的17种盈利模式包括：一次性预付+维护费、成本加成、按小时计费、订阅、许可、配件、高价值管道销售、广告、收集的数据和访问权限、交易费、按量计费、手机计划报废、停车表、微交易、股份、特许经营、操作和维护。

续表

价值获取方式	概述	代表案例
⑥售前附加服务（保险/分期付款服务）	依靠商品销售时的附加服务费补充利润不足	AppleCare
⑦售后附加服务（维护）	依靠售后服务费用补充利润不足	柳濑
⑧服务化	依靠使用产品时的辅助服务获利	IBM
⑨非主要目标	来自主要目标客户的利润低，其他利润反而高	儿童电影、自助餐
⑩拍卖	通过竞价方式获取高利润	谷歌广告关键词
⑪动态定价	根据消费者的情况改变价格	主题公园
⑫均价订阅制	每期收取固定数额的使用费，长期获利	索尼、Salesforce
⑬预付制订阅	预付使用费，率先获取利润	报纸、杂志
⑭按量计费订阅	根据使用量收取使用费，长期获利	De Agostini、AWS
⑮回头客	如果复购率高，利润也会提高	迪士尼乐园
⑯长尾理论	以丰富的产品阵容吸引客户并从畅销产品中获利	亚马逊
⑰租赁制	与用户签订短期使用协议，以使用时间获利	欧力士
⑱吉列剃须刀模式	主体利润率低，配套消费品利润率高	任天堂、佳能
⑲会员制	会员费收取与核心业务利润相结合	开市客
⑳免费增值	基本服务免费，附加服务收费，长期获利	DeNA、GungHo
㉑副产品	向客户以外的消费者提供商业活动产生的副产品补充利润	特斯拉、JR东京站
㉒IP	让内容和IP成为企业利润的支柱	卢卡斯影业
㉓收费项目	除了客户，竞争对手和合作伙伴也会支付服务费	乐天、Marketplace
㉔优先级	优先使用权也可以成为重要的利润支柱	富士急乐园

续表

价值获取方式	概述	代表案例
㉕三方市场	广告主的广告费成为重要的利润支柱	Recruit
㉖对接	为提供者和使用者搭建沟通的桥梁	Mercari
㉗推广大使	向介绍人大幅度减免费用，通过招揽、培养潜在客户创造利润	微软Office
㉘斯诺勃效应	标新立异者会愿意接受更高的价格	美国运通黑卡、雀巢咖啡机
㉙特许经营	将许可权作为利润支柱	便利店加盟
㉚数据访问	把访问数据的权利转化为利润	纪伊国屋书店、PubLine

获取新价值

将现有的价值获取方式转变成新的价值获取方式——这是盈利模式创新的目标。

价值获取是指企业从其经营活动中获取利润的行为，笔者将价值获取方式分为30种（表3.1）。而制造、零售领域的企业则更习惯使用"①产品销售"来获取利润。

但价值获取方面至少还有29种其他变体。而笔者总结的30种价值获取方式主要是为了回答这个问题——除了产品销售，我们还能从哪些方向获取利润？

①产品销售

产品销售是通过销售企业生产的产品，有效收回一定利润的价值获取方式。多年来，制造业和零售业普遍使用这种价值获取方式（图3.1）。

企业将产品按照一定的利润率销售给顾客，一旦交易成功，企业就会收回预期的利润。重复多次交易就能实现可观的销售额和利润。如果商品能够正常销售,这种价值获取方式便是最安全的。

很多制造类企业依靠销售产品获得成长。日本的丰田和优衣库等快消品牌就是最典型的代表。制造业需要构建生产体系,同时满足消费者的需求,压低成本,并合理定价保证一定程度的利润。因此,定价是零售业最重要的决策。

欧洲的奢侈品品牌也靠着这种方法获得成功。就连路易威登、法拉利、爱马仕和路威酩轩也通过商品销售获利。不过这些企业会想方设法提高消费者的支付意愿,保证高利润率、高价格的奢侈品仍旧有人购买[1]。

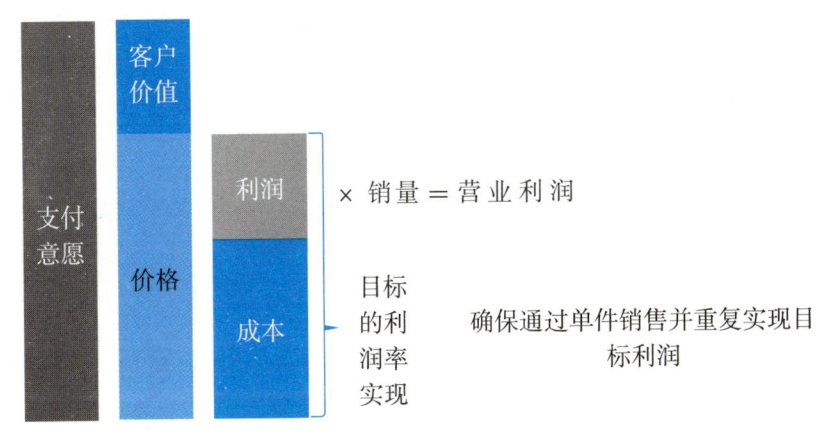

图3.1 产品销售价值获取方式

但是随着数字经济的大规模创新、经济萧条以及新冠肺炎疫情冲击,消费者的购买意愿下降,许多制造类企业已经不再使用这种价值获取方式了。

不过服务业如果能学会这一招,反而能创造一种有别于同行的新型价值获取方式。这就是笔者要在②中介绍的服务行业的产品销售。

---

[1] 这些公司实际上拥有很高的净资产收益率。法拉利2020年的净资产收益率为37.2%,为欧洲最高。爱马仕则为19.9%,排名第10位。

②服务行业的产品销售

服务行业产品销售，即休闲、娱乐和金融等服务行业的企业销售商品的行为。有时这些企业会开发原创产品并进行销售。虽然靠销售产品获利，是制造类企业和零售类企业熟悉的价值获取方式，但服务业为社会提供的是无形的商品，产品销售对他们而言的确是一种新鲜的价值获取方式。这些企业是在出售服务的同时，为企业开辟一条以产品销售获利的新途径（图3.2）。

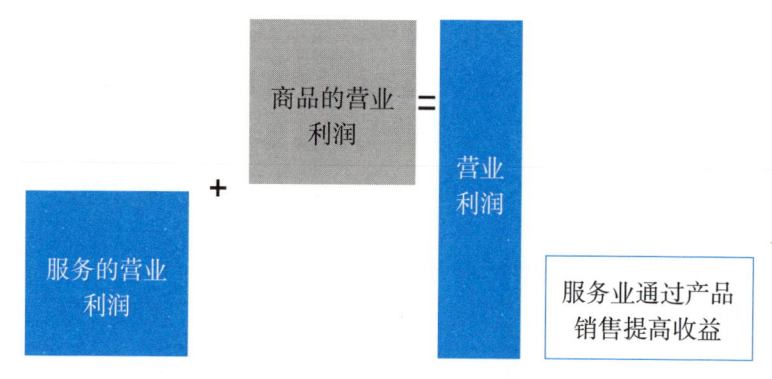

图3.2　服务行业的产品销售价值获取方式

可以说正是新冠肺炎疫情才促使全日空想方设法寻求各种收益来源的。2020年，全球人员流动陷入停摆状态，莫说是出国旅游了，就连在国内旅游都太过"奢侈"。这导致航空行业大批企业倒闭。全日空也受到新冠肺炎疫情的影响，收益无法支持企业经营，陷入资金不足的恐慌。国际航线本是全日空的"聚宝盆"，可如今国际航线基本停滞，就连国内航班需求也大幅下降。如果仍旧只靠机票的收益获取价值，企业发展便会举步维艰。

无法创造利润，企业必然陷入绝境。但是全日空此时却开始探索除机票收益外的新渠道。一旦发现靠出售机票无法赚取足够的利润，全日空就把收益来源转移到了产品销售上。

全日空在官网商城上推出了"全家共享飞机餐"。此外，他们还开始销售平时只能在全日空休息室买到的咖喱和国际商务舱专用葡萄酒。除此之外还有飞机上专用的餐盘、水杯等餐具，甚至还有飞机上专用的手推车。这些器具的平均售价都超过了10万日元。这些本来为新航班准备的物资，总算是找到了新买主，而不是被束之高阁。

随后全日空推出了"ANA Collector's Goods（全日空典藏商品）"系列。废弃飞机的推力杆售价120万日元，操纵杆售价75万日元，驾驶舱面板售价22万日元。此外，还提供了飞机座椅样品，价格分别为75万日元和80万日元。或许由于需求量过大，因此这些商品普遍采用摇号购买的方式进行出售。

这些措施都是为了开辟核心业务以外的收益来源，这就是全日空积少成多增加收益的策略。虽然全日空是在十分紧迫的状态下实施这些商业化策略的，但这些策略也让他们发现了获取"非航空业务收入"的秘诀。

在被新冠肺炎疫情阴霾笼罩的2021年，全日空决定将公司5年后的非航空业务收入提高到如今的2倍，即4 000亿日元规模，并准备开发一个支持多种服务的软件，最终打造全日空经济圈。收益来源的多样化促使全日空转变了自己的商业模式。

③产品组合

产品组合是指通过组合不同收益率的产品来实现目标利润率的价值获取方式。它包含了相关产品的组合以及相关服务的组合，因此也可以称为"服务组合"（图3.3）。

最先采用产品组合的是以超市为首的零售、分销企业。超市之所以能保障客源，主要靠促销单上的那些打折商品。比如早年间就有超市销售100日元一包的打折鸡蛋，而且现在很多超市还在这样做。

顾客来到超市，肯定不止拿一袋鸡蛋就回家，往往是蔬菜、鲜鱼、精肉装了一篮才去付款。这时候超市的总毛利率已经超过了预期毛利率。超市本身就希望用那些不计成本的超低价商品吸引消费者，并让他们再购买一些利润率更高的商品，从而获取利润。

| 盈利

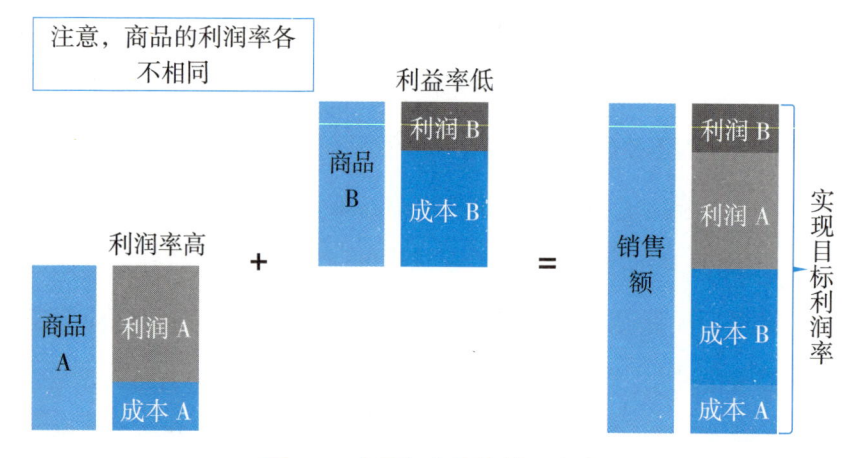

图3.3 产品组合价值获取方式

日本的百元商店和百元均价小酒馆就是产品组合的最好案例。由于所有产品采用均价，意味着成本比率和利润率会产生差异。靠利润率不同的产品组合，企业最终便能创造利润。

产品组合销售模式并非一家商场或一支销售团队的专利。不同的公司、不同的部门都能使用这个方法。下面我们可以想象一下自己去玩滑雪时的场景。

如果你是一家人集体出游，一般会选择滑道附近的旅店休息。之后又要去买缆车票。如果你没带滑雪装备，就要再花钱租一套。还有要给孩子单独支付初学者入门课的费用。到了中午还要找地方吃饭。晚上回到旅店，晚餐、洗浴、住宿……又是一笔开销。等你临走的时候，自然少不了还要带些当地特产。

那么到目前为止，你已经为企业"贡献"了多少收益来源？这些休闲、度假行业的巨头整合各种收益来源，达成了目标利润率。星野集团与经营东京迪士尼度假区的东方乐园株式会社的价值获取方式便是较为成功的案例。

④非主打商品

非主打产品是以主打商品以外的商品作为利润支柱的价值获取方式。其基本形式与产品组合相似，但也有细微区别。但这细微的差距对结果影响极大。

我们可以想象一下街上那些主打牛肉盖饭的连锁店。宣传牌上的牛肉盖饭的毛利率其实不高，反而是鸡蛋、味噌汤之类的配菜毛利率更高。

虽说打造主打产品的差异化，并将其高价出售才是营销的"定海神针"。但这根"定海神针"有时候也不那么听话。我们不妨看看麦当劳的价目表：汉堡包100日元一个，中杯饮品220日元一杯，中号薯条280日元一份。汉堡包明显属于低价高成本。但麦当劳通过订阅的形式，在保证合理利润率的同时让消费者感到了实惠。简而言之，麦当劳低价销售主打商品，再通过非主打商品获取利润，其模式如图3.4所示。

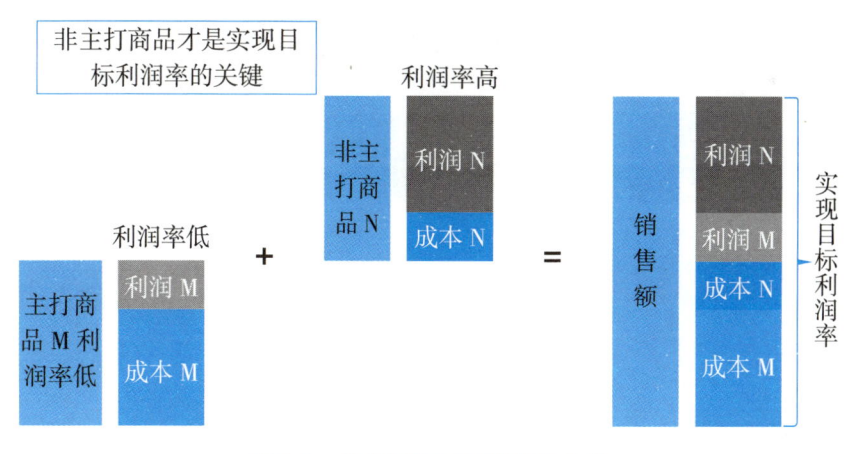

图3.4 非主打商品价值获取方式

⑤多成分

多成分指改变同一种产品的利润率进行出售，从而获取整体利润的价值获取方式。碳酸饮料就是一个很好的例子。碳酸饮料不只出现在超市的货架上，我们在餐厅、自动售货机里都能找到它。但是，不同渠道销售的饮料利

| 盈利 |

润率各不相同。其中餐饮业的利润最高，其次是自动售货机，而在超市销售的饮料不可能有太高的利润率。

从利润角度来看，商家肯定希望自己的饮料能在餐馆或者自动售货机销售。但要做到这一点，就需要提高品牌知名度。但品牌知名度也需要通过在超市"摸爬滚打"才能逐步积累。因此商家也不能忽视超市对品牌知名度的意义。事实上可口可乐正是通过这种方法提高了品牌知名度，又获得了利润。

利润率低的商品（或服务）却能发挥广告宣传的作用。就像演员参加电视剧拍摄的片酬较低，还要通过拍电影来收回利润。文化名人不在公关方面要求过多报酬，而会通过巨额的演讲费补偿收益。

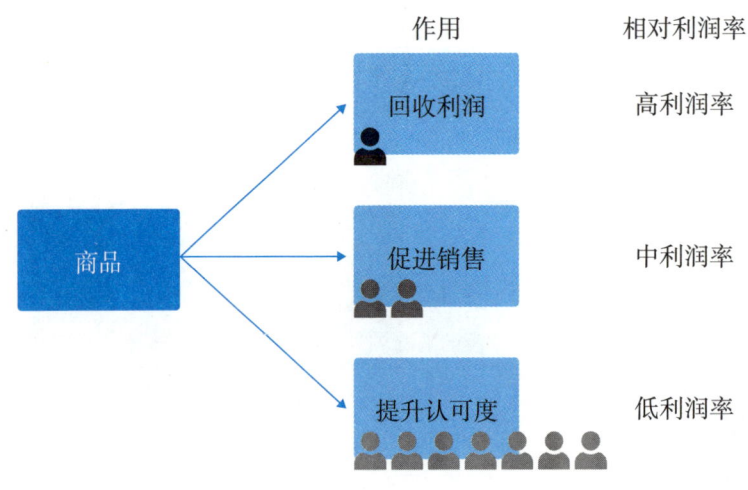

图3.5　多成分价值获取方式

⑥售前附加服务（保险/分期付款服务）

售前附加服务是在产品销售时直接开辟收益来源，从而增加利润的价值获取方式。就耐用消费品而言，保险和分期付款服务的形式可以消除消费者购买时的顾虑，因此即便支付了额外费用，客户也会比较容易接受。

一旦手机价格超过10万日元，消费者多半会采用分期支付的方式购买。

不论任何品牌的手机，性能在得到了飞跃性的提升时，价格也水涨船高。不少电信公司也推出了分期付款的合约机服务。消费者因为可以轻松地获得心仪的手机，所以即便分期支付的费用最终会比一次性支付的高一些，消费者也愿意接受。

除了分期付款服务，商家还会提供保险服务。由于消费者需要持续缴费才能使用手机，因此也会为心爱的手机买一份原厂保险。苹果提供的Apple Care就是最具代表性的案例。只要消费者愿意支付一定的附加费用，就能低价享受碎屏维修等服务。

虽然产品销售利润较低，但这些售前附加服务的利润率很高，因此企业可以结合两方面收入，最终实现目标利润（图3.6）。

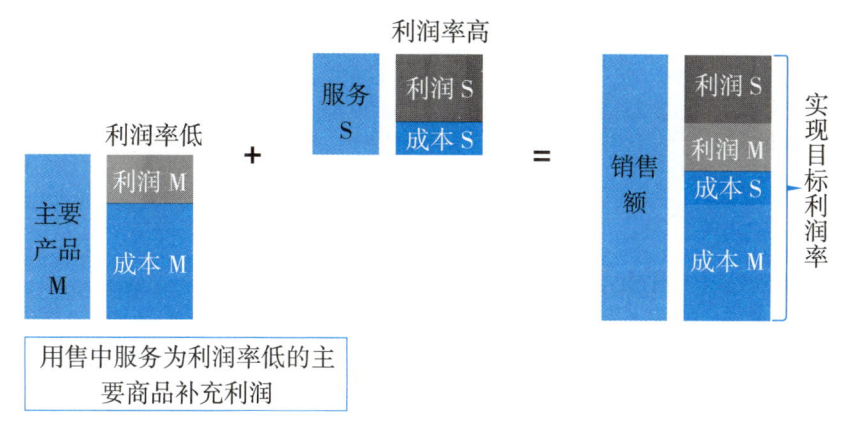

图3.6 售前附加服务（保险/分期付款服务）价值、获取方式

⑦售后附加服务（维护）

售后附加服务与直接销售产品不同，是指消费者购买商品之后，随着时间向后推移，企业不断获利的价值获取方式。

除了销售产品，售后维护是最简单的收入来源之一。保险和服务是购买前开辟的收益来源，而维护属于售后服务，它产生的利润来自定期维护业务，这部分利润只有在商品销售后才能产生，如图3.7所示。

| 盈利 |

为了便于理解，我们不妨想想汽车经销商是如何获利的。其实他们的利润支柱是维修服务。对于那些设有维修店的经销商来说，维修的利润率要高于出售新车的利润率。由于人们维修保养汽车的概率很大，因此经销商才能依靠维修服务的收入补贴汽车销售的收入。

但是，为了让客户愿意来修理店维修汽车，就要和客户建立通畅的联系。近年来，经销商开始向客户提供软件和物联网设备的远程维护服务。至于服务费用，既可以提前收取，也可以定期收取。

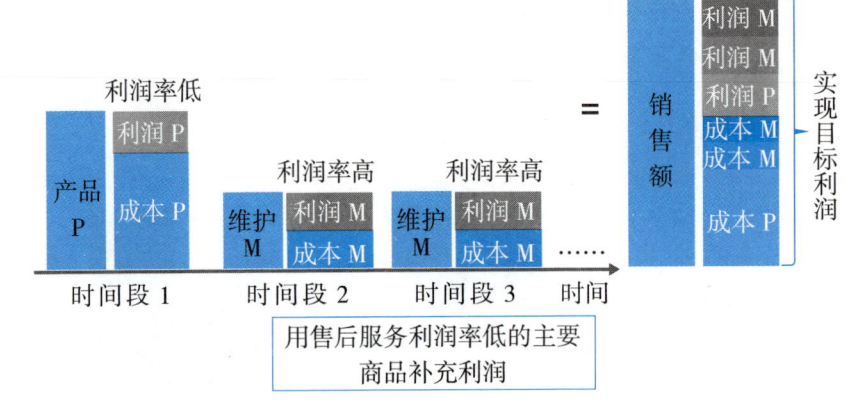

图3.7 售后附加服务（维护）价值获取方式

⑧服务化

服务化指制造业企业以自身商品相关服务为收益来源从而获取利润。这是服务业普遍的收益来源，但对于制造业企业而言，能同时从产品收入和服务收入中获利，这确实是一种全新的价值获取方式。

这其实和⑥的售前附加服务和⑦的售后附加服务有相似的部分，但服务化的不同之处在于，它从更广泛的角度为客户提供帮助，比如提供消费品的B2B服务等。

在B2B交易中，如果设备无法让企业客户提高生产力，客户便不会继续购买。即便仅因为客户本身不会使用或者设备本身不方便使用，客户也不会继续购买。因此我们的服务需要主动贴近用户，以完善的咨询服务，帮助客户提高工作效率，只有这样才能获取利润。

IBM曾一度以B2C和B2B模式销售硬件设备，而他们从B2B服务获得的利润更高。而后，他们发现自家的设备制造成本过高，反而是服务的利润率更加喜人，因此IMB决定退出硬件销售业务，转而以服务作为最主要的价值获取方式，如图3.8所示。

由于服务化将广泛的服务作为新的收益来源，因此企业可以将部分收益来源设定在售前。比如在签订长期服务合同或客户购买耐用消费品前，企业就和客户进行商讨，或提供咨询服务。

向律师咨询问题，当然要支付咨询费。咨询公司展示资料也会收取一定费用。就连健身中心的私教课也是要收取课程体验费的。

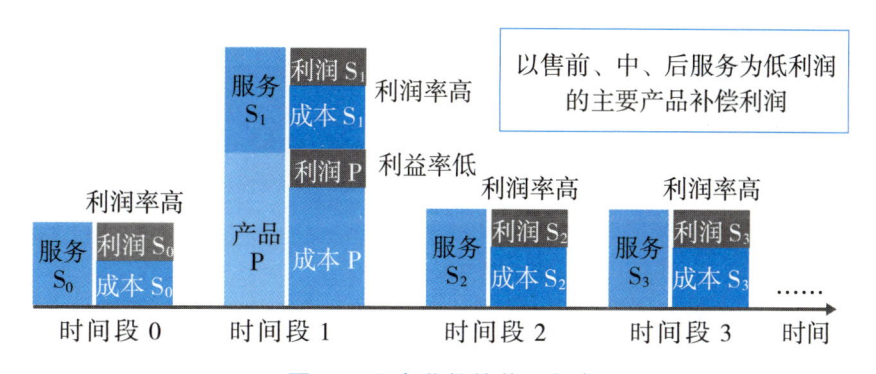

图3.8 服务化价值获取方式

⑨非主要目标

非主要目标即为商品和服务寻找除主要目标外的新消费者，并从新消费者身上获取更多利润。一般来说，企业会在主要目标客户身上获得更多利润，但这种价值创造方式的独到之处正是"让不掏钱的人掏钱"。

日本有不少企业靠这个方法取得了成功。比如动漫领域就有很多好例子。像是《精灵宝可梦》和《名侦探柯南》这样的动漫，在日本的票房收入

| 盈利 |

往往名列榜首。

这些动画作品的主要受众当然是孩子。而一张儿童影票售价大约1 000日元。但要知道，为电影利润贡献最大的还是带着孩子来看电影的家长们。成人电影票一张约2 000日元，是儿童票价的一倍。如果是一家三口来观影，那就会产生5 000日元的费用。同样一个位子，同样一部电影，成本自然相同，但成人产生的利润率显然高太多了（图3.9）。

自助餐其实也是同样的道理。很多面向一家人共享美食的自助餐都会以儿童为目标客户，但一大半的利润都来自带孩子来的家长。

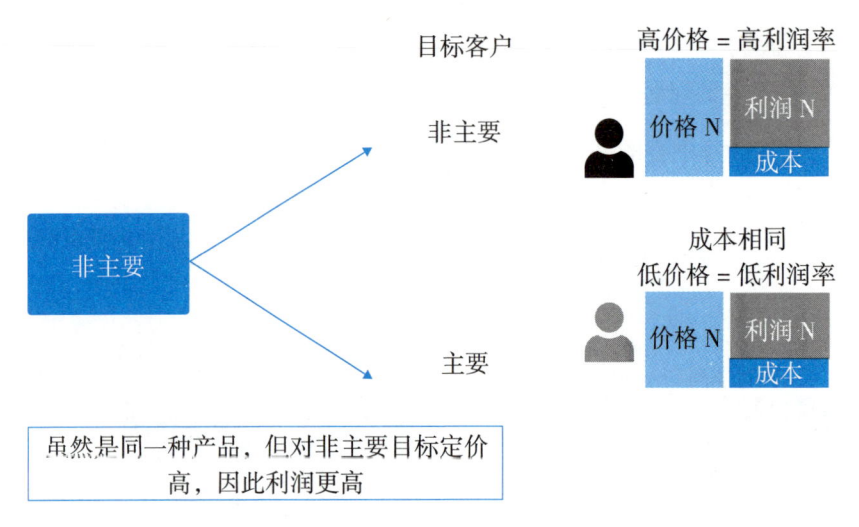

图3.9　非主要目标的价值获取方式

⑩拍卖

拍卖，即为同样的产品或服务寻找出价更高的买主，从而获得利润。越是希望获得商品或服务的消费者，对利润的贡献也就越大。而且越是稀有的产品和服务就越容易实现高利润。哪怕是同样的服务，定价不同也会吸引不同的消费者（图3.10）。

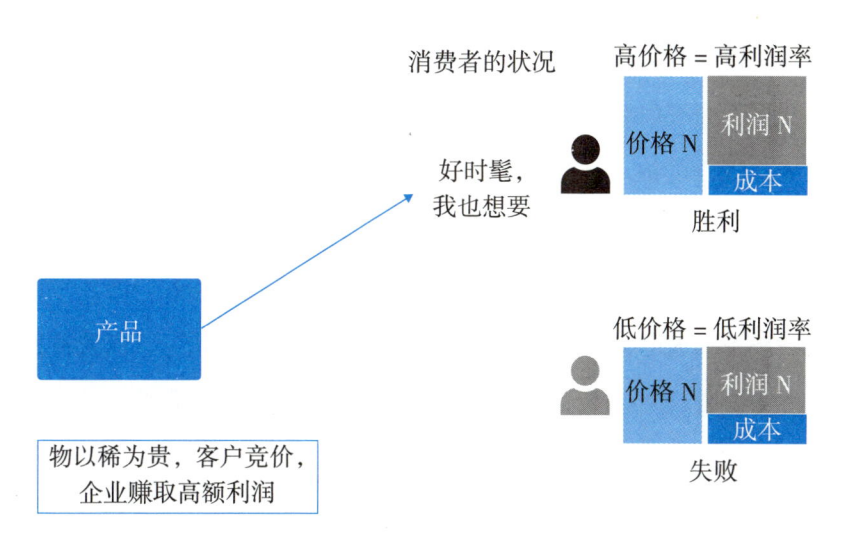

图3.10 拍卖的价值获取方式

交易美术作品或者古董的拍卖行就经常使用这种价值获取方式。比如苏富比和佳士得拍卖行。拍卖行的利润是拍卖服务的佣金，但标的产品价格越高，拍卖行获得的份额也就越高。很少有人会有机会能在拍卖行拍得一件古董，但是随着数字时代的到来，人人都开始有机会参与"拍卖"了。

谷歌已经在自家的广告业务AdWords中使用这种方法了。只有肯出高价的企业才能让自己的广告排在前面。

这类服务的消费者往往会争抢这样稀缺的资源，因此也会为企业带来较高的利润。

⑪动态定价

动态定价指根据实时需求的增减，成比例地改变同样的商品或服务的价格以获取利润。

最简单的例子就是休闲娱乐产业会在旅游旺季和淡季分别定价。每逢节假日，休闲娱乐设施收费很高。由于节假日期间人们对休闲娱乐的需求很大，愿意出高价的消费者也多，企业因此获利颇丰。预算有限的人会果断放弃，也保证了旺季时段来游玩的只有愿意出高价的消费者。这种定价方式也被称为"市场价格"。

近几年，商家已经不再只靠经验和直觉定价，而是开始尝试使用一种实时定价体系进行定价。自2019年以来，大阪的日本环球影城开始根据实时人流量来实时调整当日票价。通过引进人工智能技术，园方可以通过以往数据和现在的游客数量确定合理票价。

这项技术引进前，园区票价一律为7 900日元（全天票），而现在园区淡季票价则降价至7 400日元，旺季则提高至7 900日元。显然那些能承受更高票价的游客对园区的利润贡献大。有些游客会因为票价太高而选择离开，这样保证了园区不至于太挤（图3.11）。

网约车服务公司"优步"也采用了这种价值获取方式。

优步会根据网约车需求量的高低，实时调整车费。例如下雨天，人们打车的需求猛增，优步就会提高车费。而愿意花大价钱打车的乘客，必然会给优步提高更大的利润。

乍一看，这种方法和"多成分"十分相似，但它们之间却有很大的不同。多成分模式是在保障销售主要产品的基础上，根据客户的特点，推出不同的产品。而动态定价则只提供一种产品（或服务），但价格会根据"时间推移"灵活制订。

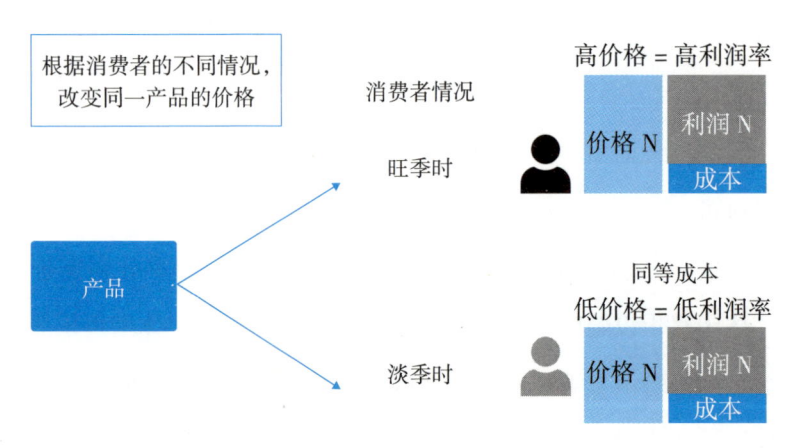

图3.11　动态定价价值获取方式

⑫均价订阅制

均价订阅制的特点是对用户的价格完全统一，并按月或按年提供无限次的服务。随着时间的推移，企业能获得更多利润。与交易时一次性付清所有款项的形式不同，商家会先向消费者收取少量费用，等商家回收利润之后，继续吸引消费者付费，从而获取更多利润。这是靠时间积累利润的典型方式。

对于用户而言，只要交一次费，就能在规定期限内无限次享受服务，这是一笔相当"划算"的买卖。而随着Apple Music和Spotify等音乐服务的出现，以及网飞和迪士尼+等视频服务的出现，人们越来越习惯包月（年）服务，而不是单独购买一个作品。

从企业的角度看，这相当于和用户签订了固定费率使用协议，因此也比较方便计算未来的收益。对于那些关注利润的企业而言，这简直是最棒的价值获取方式。

因此这种方式也能有效地让体验过一次服务的用户愿意续费。企业可以通过不断更新内容，并将新内容提供给用户，最终形成一种互惠互利的价值获取方式（图3.12）。

图3.12　均价订阅价值获取方式

⑬预付制订阅

预付制订阅其实是模仿了以往订阅报纸和杂志的形式。通常我们支付完费用后，要等到年初或月初才能获得服务。由于可以先获得现金流，所以企业十分喜欢这种形式（图3.13）。

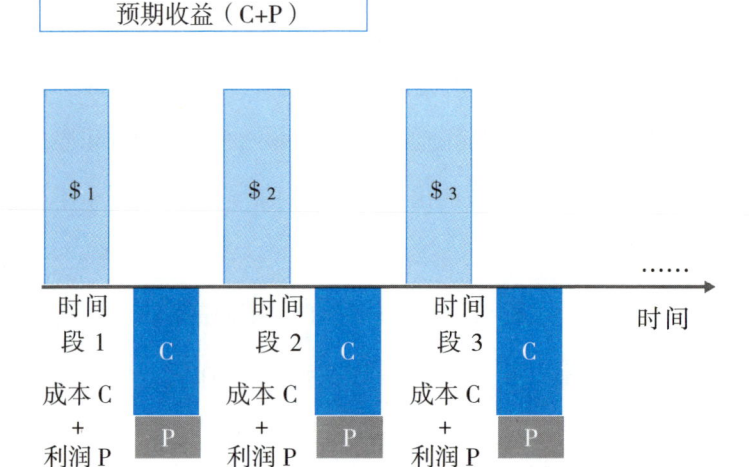

图3.13　预付制订阅价值获取方式

不过这种付费方式对消费者也是有利的。因为消费者可以省去每次购买的麻烦，而且使用次数越多，相当于单次使用费越便宜。通勤月票和主题公园的年票其实就是采用了这种价值获取方式。

随着近年订阅服务热潮的兴起，餐饮业和服务业也开始采用这种方式，但想要取得成功还是不太容易。因为只有用户忠诚度高的商品，比如极具特色的报纸、每天都会喝的某品牌牛奶、时不时就要去一次的主题公园，或者是每天都要乘坐的地铁之类的基础设施才适合采用这种价值获取方式。

⑭按量计费订阅

按量计费订阅，即根据实际使用量收取费用的价值获取方式。只有用户使用量很高，企业才能有收益，并回收利润。与预付制订阅不同，这种方式支持先使用后付款，但只要不使用就不会产生任何费用，因此它和均价订阅制也不太一样（如果设定了基本资费，那么就只会收取这部分费用）。对于那些不知道自己使用频率如何，或者没办法一并交齐所有费用的客户来说十分有利（图3.14）。

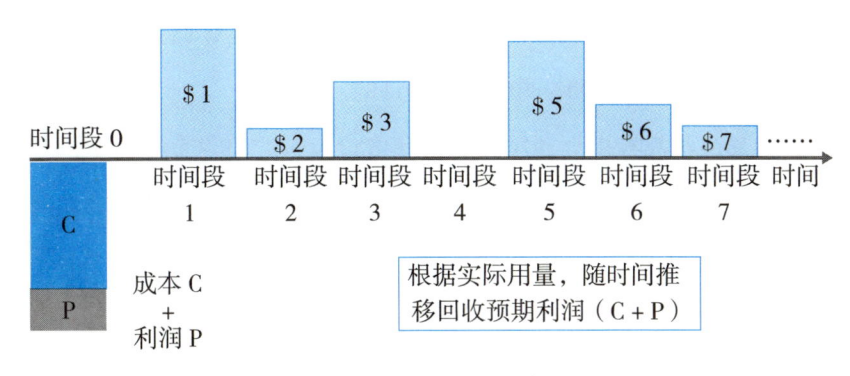

图3.14 按量计费订阅价值获取方式

服务器租赁就是最典型的案例。比如第2章中介绍的亚马逊云服务，用户支付给亚马逊一定的费用租赁服务器，而无须自主搭建服务器。随着数据寄存器、物联网、高速通信和数字化的普及，按量计费取得了长足的进步。

但是这种计费方式也不仅仅是数字时代的产物，最重要的还是为客户着想的态度。只要带着一颗服务客户的心，即便不是数字产业，也能使用这种方法。其实日本很早就引进了按量计费模式。比如1690年就开始主张"先用后利"理念的富山药业。

想要实施按量计费订阅策略，就需要前期现金流的支持，先为消费者提供产品（或服务），再慢慢回收利润。

⑮回头客

回头客模式指以"存在回头客"为前提，以盈利为目的的价值获取方式。对于公司来说，回头客是十分难得的，因为他们的存在保证了公司的稳定利润。

但要知道，利用回头客进行价值获取，并不是"有回头客更好"，而是"没回头客就不行"。只有增加消费者的复购率，商家才能获得更多利润，因此商家的特色必须足够让消费者"上瘾"。

管理东京迪士尼度假区的东方乐园株式会社正式使用了这种价值获取方式。据说东京迪士尼乐园度假区的游客90%都是回头客，而且东方乐园的投资计划都是在假设回头客90%的前提下制订的。

任何一家企业都有机会利用回头客获取价值，并培养大批拥趸，获取稳定的利润（图3.15）。不过一定要记住，利用回头客获取利润是需要花些时间和消费者培养感情的。

图3.15　回头客价值获取方式

⑯长尾理论

长尾理论指商家出售一部分需求量极低的商品，并吸引对该类商品有需求的顾客，形成稳定客源。最终商家依靠这些客户带来的巨大销量获取利润。由于这种价值获取方式也需要有特色商品，因此和"产品组合"模式十分接近，但长尾理论不需要推出任何新产品，而是用丰富的产品阵容吸引顾客，并形成企业的影响力（图3.16）。

亚马逊之所以在众多电商企业中名列前茅，主要是因为它销售的产品虽然丰富，但其中大部分都是那些一年也买不了几次的"滞销品"。别看这些商品这么冷门，但对于核心客户而言，这才是亚马逊最吸引他们的地方。

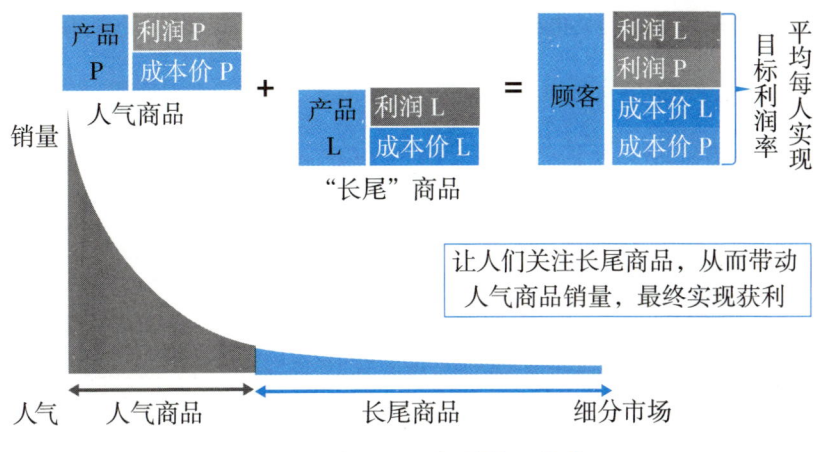

图3.16　长尾理论价值获取方式

这些消费者本身是被特色商品吸引来的，但久而久之，不论家里缺了什么东西，他们都会在亚马逊购买。

冷门商品周转率低，效益差，而且确实不太容易赚钱，但只要利用得好，也会有顾客定期购买，最终让企业收益。

想要用好长尾理论，就要准备好这类特定的商品。而且还要利用搜索功能或口碑，让顾客知道企业在特定领域方面拥有丰富的产品管线。

⑰租赁制

租赁指用户在购买耐久消费品时，不必当场支付所有费用，而是分期租用。对于用户而言，他们不需要一次性投入过多就能使用想要的商品。

其中最有代表性的就是企业用车租赁了。假设租车期为五年，到期后会剩下扣除折旧费的押金。那么五年租期到期后，承租方可以选择不要求返还租金，买下租赁的车辆，也可以将车辆返还给租车公司终止合同，还可以再重新签一份新合同选择其他车型。

只要签下合同，承租方就要保证支付五年的车辆使用费，无法反悔。企业方则获得了五年的稳定利润。车辆交付后，企业就可以利用这五年时间，慢慢地收回之前兑现的资产和利息的成本。如图3.17所示。

| 盈利

除了汽车，打印机、办公电脑的租赁服务业被P2P领域广泛采用。

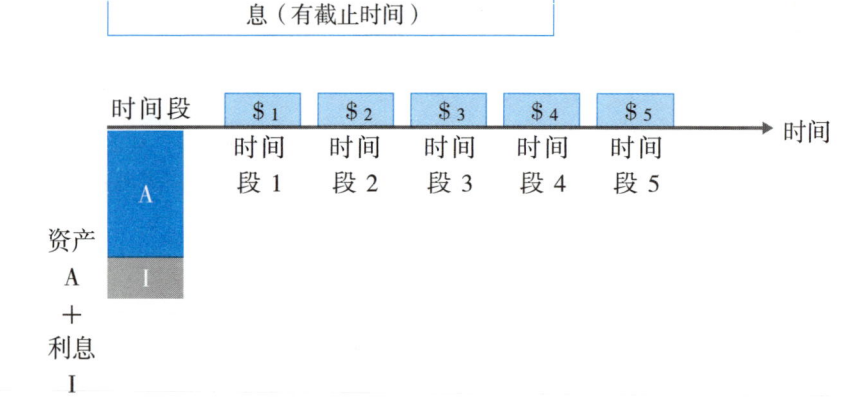

图3.17 租赁制价值获取方式

⑱吉列剃须刀模式

这种价值获取方式是吉列剃须刀的创始人金·坎普·吉列（King Camp Gillette）根据旗下剃须刀主体和替换刀片的特点而发明的一种商业模式，见图3.18。它的特点是将收益来源转移到配件上，随着配件的替换，赚取总利润。

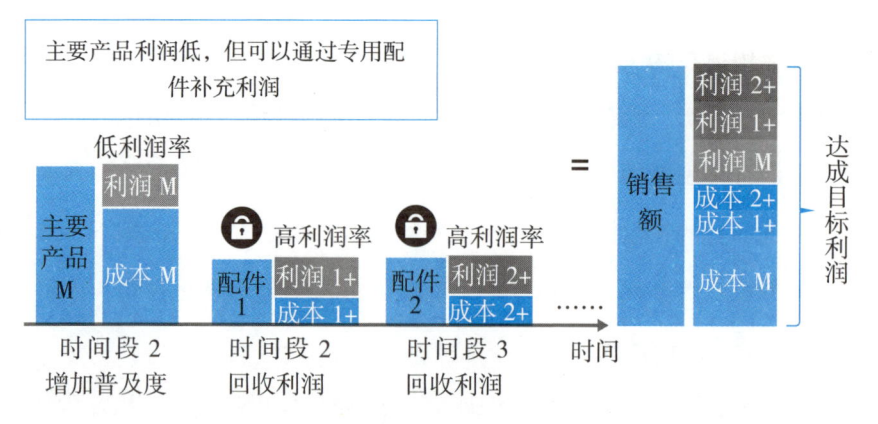

图3.18 吉列剃须刀商业模式价值获取方式

商家应该同时生产高于、低于目标利润率的两种配套商品，用前者吸引

086

顾客，用后者获取利润。这似乎和产品组合完全一样，但吉列剃须刀模式比产品组合需要更多时间。

典型的方法是，压低主体产品利润率，再通过与主体配套的配件提高利润，随着时间推移，逐步达成目标利润。

如今许多产品都使用这种方式销售。最有代表性的例子是打印机和墨盒。虽然打印机的利润很低，甚至几乎赔本，但墨盒的利润率却相当高。单靠销售打印机自然不能收回利润，而随着用户更换墨盒的次数越来越多，厂家自然能逐步回收目标利润了。

如果厂家"胆敢"把主体和配件的利润率设定得一样高，这样就不能实现剃须刀商业模式。因为主体价位太高，就无法吸引顾客购买，这种价值获取体系也就随之崩塌。

家用游戏机也采用吉列剃须刀商业模式进行营销。主机利润极低，只要不赔本，厂家就能接受，但同时他们会把游戏软件的价格定得很高。由于游戏机的特性，硬件和软件的关系十分明确，因此很适合使用这种价值获取方式。

如果你的企业也想使用吉列剃须刀商业模式，首先就要搞清楚哪些是主体产品，哪些是配件。然后调高配件的利润率。

因为只有消费者购买了主体产品后才需要购买配件，所以商家应当注意维护和消费者之间的关系。

吉列剃须刀商业模式的关键是"锁定"，即为主体产品生产专用配件，保证没有其他替代品。如果不能保证这点，消费者买下低利润的主体后，就会从其他渠道购买更便宜的替代品配件。

事实上，佳能打印机的售价十分低廉，但Ecolica等专门销售再生墨盒的企业生产的产品却更加经济实惠。结果佳能利用配件回收利润的计划彻底泡汤。

后来佳能将这些公司告上了法庭，但一直没有定论。不过佳能等打印机制造商想出了利用集成电路芯片（IC芯片），让别的厂家生产的墨盒无法适配自家品牌的打印机，以此捍卫自己的利润。

看来，即便你把主体商品和配套配件"锁在一起"，也会出现这样或那样的问题。如果配件和耗材从一开始就与其他公司兼容，那就根本不适用这种价值获取方式。就好比，虽然汽车的利润率很低，维修和保养的利润很高，但只要客户能在任何修理厂进行同样的维修和保养，那么他们肯定会哪里便宜去哪里。

另外，我们用日用百货举例，洗发水和补充装也不太适合吉列剃须刀商业模式。因为不管什么牌子的洗发水都能装进剩下的空瓶里。所以各厂商的洗发水和补充装的利润没有多大差别。

⑲ 会员制

会员制靠会员费获取价值，随着时间的推进，每期会员费都能让企业获利。

第2章介绍的开市客正是以会员费为主要的获利手段，而不靠商品销售获利。开市客放弃了提高商品销售利润率的想法，以会员费获取利润，这显然不是分销行业的通常做法。

会员制的特征是，将非核心业务的会员费作为盈利支柱。另外，如果会员费按年支付，企业就能一次性拿到一年的利润，这对于保障现金流的稳定来说至关重要。不过想要让顾客愿意一次性交一年会员费，就一定要给会员巨大的福利（图3.19）。

虽然任何企业都能将会员费作为收益来源，但很多企业虽然也有会员制，却不收一分钱会员费。或许是因为他们其实根本拿不出什么像样的福利吧。

你提供的服务，到底值不值得顾客花一份会员费？这是设计会员制时重要的考虑因素。

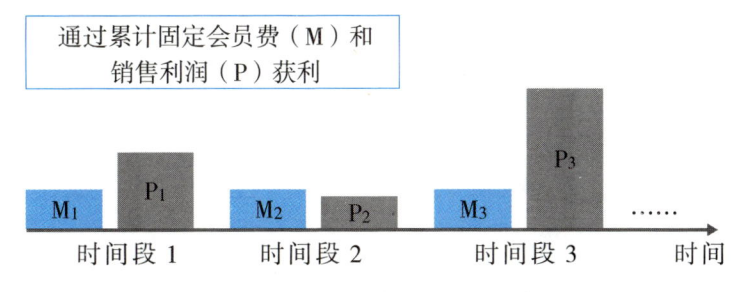

通过累计固定会员费（M）和
销售利润（P）获利

图3.19 会员制价值获取方式

⑳免费增值

免费增值指的是将主要产品的利润降到0，提高附属服务的利润率，同时为了回收整体利润，延迟回收部分利润的时间。"免费增值"出自克里斯·安德森（Chris Anderson）的代表作《免费》[①]。

虽然吉列剃须刀模式也会主动降低利润率，但至少主体还会收钱，而在免费增值商业模式中，主体服务是完全免费的。这种价值获取方式是数字时代的产物。

因为吉列剃须刀商业模式针对的是"物"，因此无论如何都存在边际成本[②]。在数字时代，我们为用户提供的是软件，因此边际成本为零。虽然存在研发费等固定费用，但不会像提供产品一样产生额外成本，因此即便免费提供服务，也不会造成资金外流。

免费增值模式最广泛的应用是在线游戏行业。一般的在线游戏支持免费玩，但购买道具能让你通关更轻松，升级更快。这才是游戏的收益来源，而且随着玩家游戏时长的增加，商家也能慢慢回收利润（图3.20）。

免费增值在数字行业中司空见惯，但在制造业、零售业推行这种模式却

---

① 2009年9月，中信出版社出版。——译者注
② 提供一个额外单位的商品或服务时所增加的成本，即"增量成本"。虽然这种说法更好理解，但我们更习惯称为"边际成本"。

| 盈利 |

十分危险。如果免费提供某主体产品，边际成本会导致现金外流，而且根本无法保障顾客会再购买配件，因此难以回收利润。

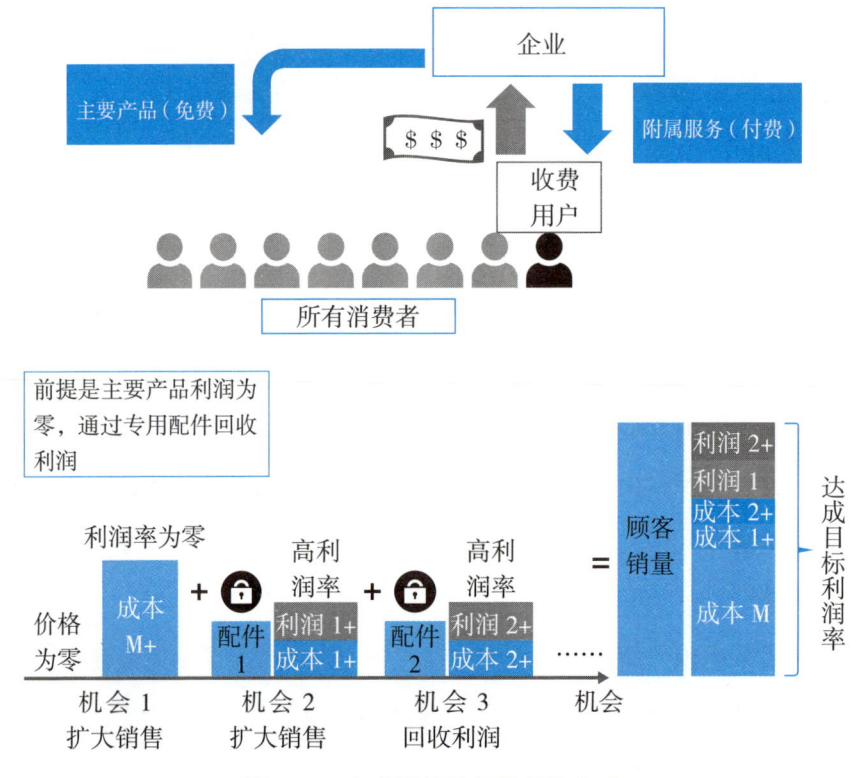

图3.20　免费增值的价值获取方式

其实有时候手机、直饮机等产品也可以免费使用（附带租金），这看上去似乎也是一种"免费增值"，但它们必须依赖信号或者水管进行工作，因此它们和配件之间也是锁定关系。而且这类服务一般都会有明确的合同，商家绝对能回收利润。

因此这绝非免费增值模式，而是更接近主体商品（服务）免费的吉列剃须刀商业模式。

㉑副产品

副产品是指利用副产品，让除主要客户以外的新顾客获利，从而扩充核心业务的利润。最终，即便核心业务不再能够产生利润，来自非主要客户的次要权益也能带来极大的利润。一般来说，这些次要权益不是商家有意为之，因此没有成本，毛利率100%。

第2章详细讲到，特斯拉也从非汽车用户身上获得了利润，那就是急需购买温室气体排放配额的竞争对手。靠这笔收益，特斯拉补充了汽车销售不足部分的利润。可见，特斯拉为了增加利润也做了努力。

瑞士的Vestergard Flandsen开发了一种由特殊树脂制成的吸管式净水器"生命吸管"。使用这种吸管，就可以把污水净化成饮用水，且能保证去除99.9%的细菌和寄生虫。厂家本想把这款产品推广到那些水资源极度缺乏的地区，奈何这款产品的价格不是发展中国家的一般家庭能够承受的。于是该公司为了把产品价格压低到一般家庭能够承受的范围，开始寻找目标顾客以外的用户。

那就是碳排放超标，需要购买碳排放权的企业。

一般来说，想要饮用不洁净的水，就必须将其煮沸，这背后消耗的正是石油和木材。而生命吸管则不需要这些，也不会排放二氧化碳。所以Vestergard Flandsen向联合国相关部门和非政府组织提出申请，获得了温室气体排放配额认证，又以之为收益来源，最终成功实现免费提供生命吸管的创举。如图3.21所示正是这种获利模式。

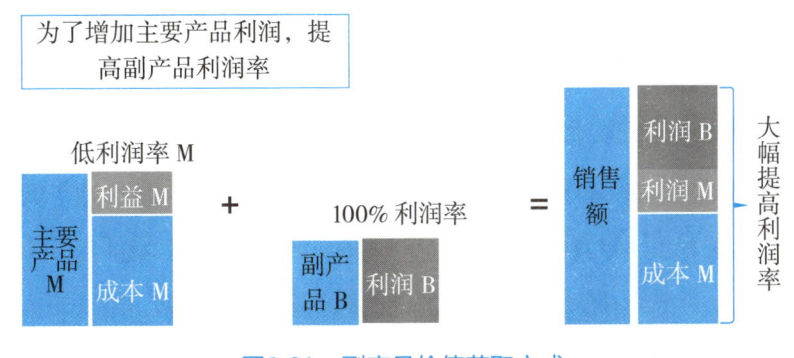

图3.21 副产品价值获取方式

同样的情况也出现在建筑楼高权出售上。在一些地区，建筑物受到高度限制,不能继续增加楼层。但如果有些建筑物未达到限高,就可以出售剩余高度。

日本的成功案例之一便是东京站修复工程。2012年,JR东日本对东京站丸之内站大楼进行了全面翻新。当时这项工程的总建设成本约为500亿日元。虽然建设成本相当高,但对于未来东京站的便利性和品牌化来说,这是一项必要的投资。

多亏了JR东日本出售楼高权,最终他们实现了零成本。东京站是地下两层、地上三层的低层建筑,但在这个位置,可以建造一座总建筑面积为地面面积九倍的高层建筑。于是他们把车站剩余的高度,以"楼高权"的形式出售给附近的公司。JR东日本从乘客之外的企业获取了利润,而并未因为返修车站造成收益减少。

想要使用这种模式,最好先找到顾客以外,愿意付费的新客源。靠竞争对手或同行增加自己企业利润的方式看似荒唐无稽,实际效果惊人。

㉒ IP

IP指企业核心业务衍生出的信息资源。而企业可以在各方面利用这些信息资源盈利。IP主要是受版权保护的作品。

而比较大宗的IP交易往往发生在漫画、电影和游戏行业。乔治·卢卡斯(George Lucas)拍摄《星球大战》时,曾经邀请著名的20世纪福克斯公司负责发行。但20世纪福克斯公司当时不清楚宇宙题材的电影是否卖座,于是迟迟不能决定是否发行《星球大战》。因此,卢卡斯拟定了一份合同,作为讨价还价的条件,他将自己的报酬定得相当低。但合同也规定卢卡斯保有《星球大战》产生的商业化许可权。

后来《星球大战》引发轰动,20世纪福克斯公司赚得盆满钵满,不过电影爆火的最大受益者还是导演卢卡斯。《星球大战》的周边产品大量涌入市场,销量也十分可观。卢卡斯并没能通过电影的价值创造达成预期利润,但他却从生产电影周边产品的厂商手中获取了巨额的利润,而且这部分利润的毛利率为100%。

另一方面,有的企业不从客户身上获利,而是通过其他消费者获取目标利润。三丽鸥一直在制造和销售Hello Kitty的周边产品，但自2008年以来，它已经将所有产品授权许可给了各大主题公园和运营商，以获取利润。

在内容产业中，这种信息内容统称为IP（知识产权），IP自诞生之初就注定了能被企业反复利用，多次获取价值，如图3.22所示。

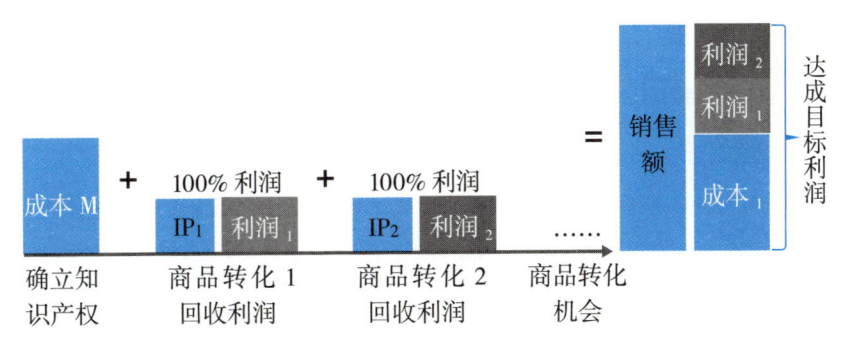

图3.22　将知识产权转化为商品，以版权使用费回收利润

㉓收费项目

收费项目指的是在维持核心业务的同时，向除客户以外的消费者特别是B2B企业收取一定费用，并回收利润的价值获取方式（图3.23）。

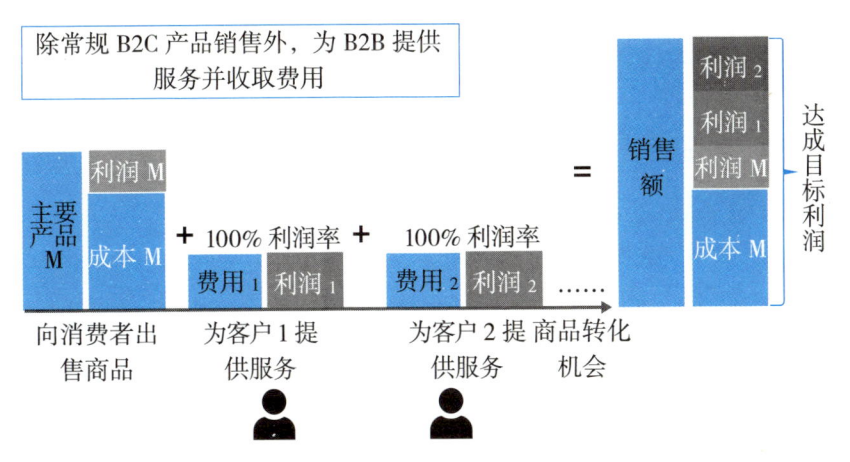

图3.23　收费项目价值获取方式

我们最熟悉的例子是汽车经销商通过为客户安排保险公司的保险业务和银行贷款来赚取佣金。换言之，企业会向客户以外的消费者收取费用（手续

| 盈利 |

费等）。虽然手续费不会太高，但毛利率几乎为100%，这对于企业实现目标利润有着极大的帮助。

而且企业也可以向同行收费。除了销售商品的核心业务外，亚马逊的电商平台网站本身也是一个"大市场"。亚马逊会向在其平台上开设网店的商户收取"门面费"。这笔付费自然并非来自上网购物的顾客，而是电商同行。这就是亚马逊的一条非产品销售的新收益来源（门面费）。

㉔优先级

优先级是指从那些出于某种原因想要快速获得产品或获得优先服务的消费者身上获取利润，这有别于传统单纯销售商品的价值获取方式，是一条新的企业收益来源。

人潮汹涌的主题公园就可以用这种方法获利。比如除了普通门票和游乐设施门票，同时出售免排队优先票。利用优先票获取价值，可以达到100%的毛利率，但要注意，优先票出售数量太多，反而会造成拥挤，使其失去原有的价值。

近年来电影院纷纷推出优先席，这些座位往往距离幕布位置最为合理，而且座位材质也十分考究。虽然设备需要一定成本，但从长远的角度来看，这绝对是一笔"划算的生意"。因为同样的使用率下，它能为电影院带来更多的利润。这种价值获取方式的关键在于寻找那些愿意承受额外费用的顾客（图3.24）。

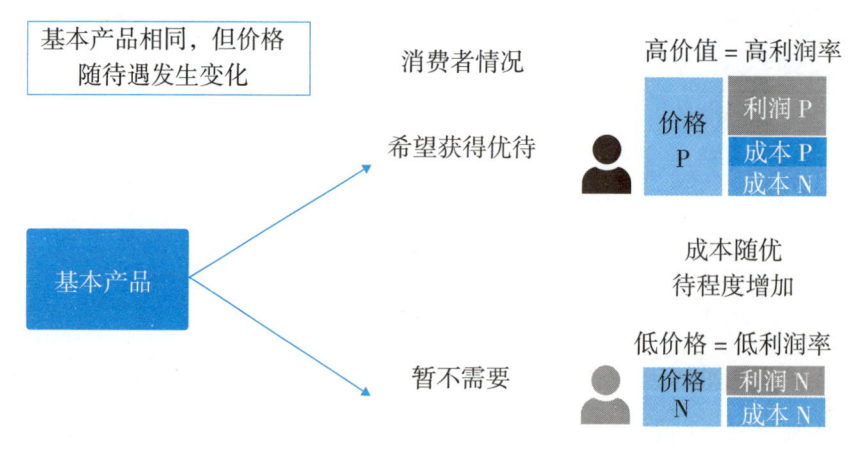

图3.24 优先级价值获取方式

㉕三方市场

三方市场，即将广告作为收入的核心来源的价值获取方式。企业利用其吸引客户的能力，为其他企业提供广告服务，从而收取费用。

电视台从很早以前就开始通过广告获取价值了。电视台当然不会让观众出钱，而是向广告商收取费用。电视台是受政府指定的宣传单位，数量有限，而且从开办以来就积累了不少观众，因此广告业务才能顺利展开。

一般而言，杂志社的收入部分来自读者购买杂志的费用，另一部分则来自广告商。但大部分收入是来自广告商支付的广告费。

进入互联网时代后，谷歌和脸书也通过这种方式获取了巨额利润。这些企业借助数字平台和三方市场的红利取得了飞跃性的进步（图3.25）。

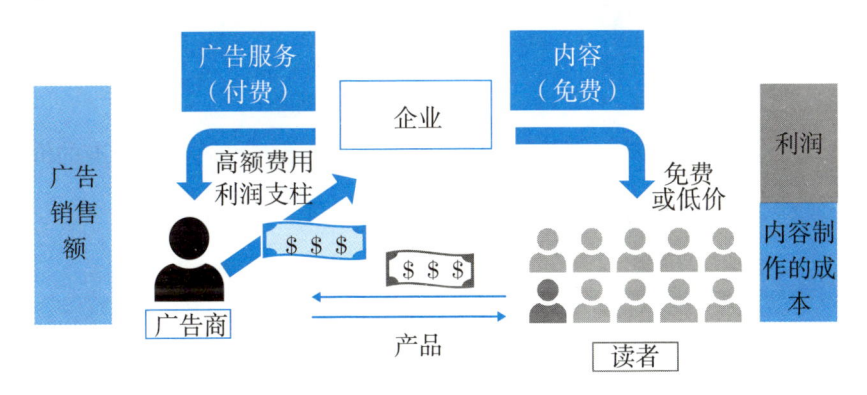

图3.25 三方市场价值获取方式

㉖对接

所谓对接，即为异常交易中的买家和卖家牵线搭桥，从而获取利润的价值获取方式。虽然这套模式早已被房地产行业惯用，但进入数字时代后，它又在数字化平台上绽放了新的活力，实现了巨大的发展（图3.26）。

跳蚤市场Mercari[①]自成立以来就以这种方式扩展业务。Mercari并不向买家

---

① 日本著名C2C二手交易平台。——译者注

| 盈利 |

收取任何手续费，而是在销售时向卖家收取10%的销售手续费，并将这部分收入作为主要收益来源。每次交易，Mercari能得到的手续费虽然很低，但每天都有很多用户在平台上进行各种交易，因此这些微薄的收益最终汇聚成了巨大的利润。

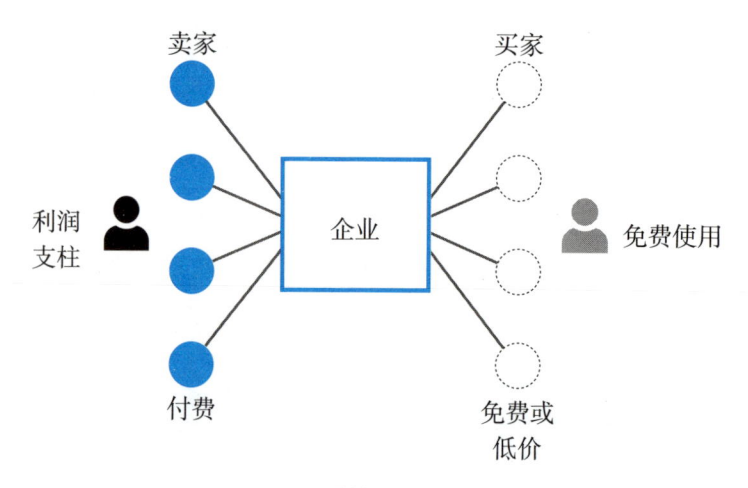

图3.26　对接价值获取方式

有时卖家可能也是一家公司，平台则会向他们收取手续费。于是为了赚取这笔佣金，平台会想方设法帮卖家招揽买主。

㉗推广大使

推广大使，顾名思义就是负责推广产品的大使。他们负责向还不了解这款产品的消费者推广这款产品。企业在从现有顾客的身上获取利润的基础上，还希望扩大产品的用户群体，就会安排推广大使。

作为合作报酬，企业会低价向推广大使销售产品或服务，有时甚至免费提供。商家之所以宁可免费提供产品，也要安排推广大使，主要因为推广大使能在产品推广方面发挥巨大作用。推广大使的出现为企业节省了促销成本，因此从成本效益的角度来看，此举彻底降低了企业的总成本。

奥多比（Adobe）的Creative Cloud和微软（Microsoft）的Office 365的教育机构的用户其实都是品牌推广大使。由于教师在教学过程中使用这些软件，所以吸引了很多学生也开始使用。企业之所以愿意为推广大使提供折扣也是因为他们确实能够吸引大量用户。此外，学生用户可以在毕业后继续以个人名义使用学生版软件，或支付全额费用成为普通用户。

推广大使还能帮助产品提高知名度。雀巢公司有一款名叫Barista的咖啡机。为了提高咖啡销量，雀巢特意研发了旗下的咖啡机。

推广大使会在自家公司里放上Barista，只要每月固定采购一定量的咖啡，就能免费使用咖啡机。如图3.27所示。

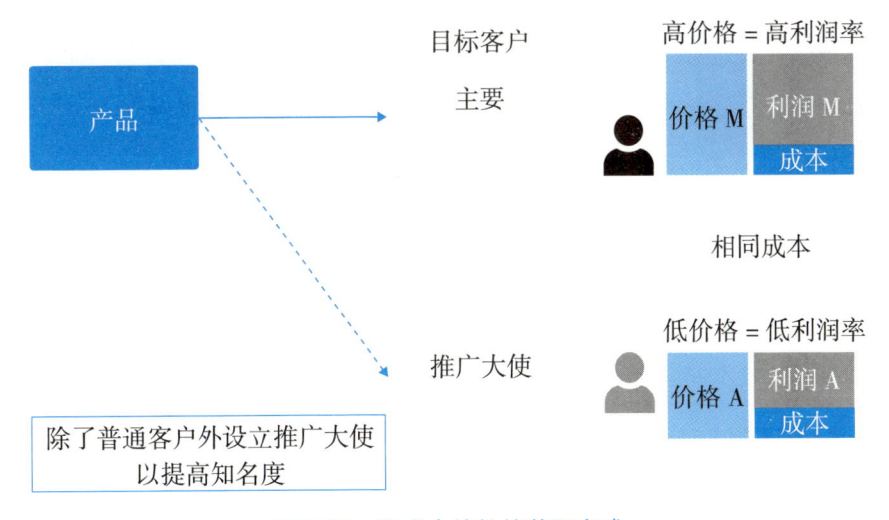

图3.27 推广大使价值获取方式

如果雀巢的这些措施，能让公司的员工爱上雀巢的产品，他就可能会按照正常价格，给自己家也买一台雀巢咖啡机。这对于雀巢而言便是一次成功的营销。

推广大使购买产品带来的利润似乎不如普通客户多，但这一举措既能开辟新客源，又能扩大品牌影响力。因此在使用这种价值获取方式时，首先就要做好"在推广大使身上赚不到钱"的思想准备，然后再思考如何让推广大使发挥作用。

㉘斯诺勃效应

所谓斯诺勃效应，即寻找到愿意对几乎相同的服务支付极高费用的消费

| 盈利 |

者，他们支付的巨额费用成为企业的利润支柱。一般来说，实行会员制的企业会把高额消费的顾客作为利润支柱。对于顾客而言，这是一种地位的象征。

美国运通就十分擅长利用斯诺勃效应。美国运通会在绿卡、金卡之上设置白金卡。虽然现在白金卡用户人人都能自动成为会员，但以前入会是需要介绍人引荐的，而且每年会员费居然高达13万日元（不含税）。持有白金卡的顾客可以到专设的迎宾台办理业务，还能享受到专门的旅行咨询等一系列专享服务（图3.28）。

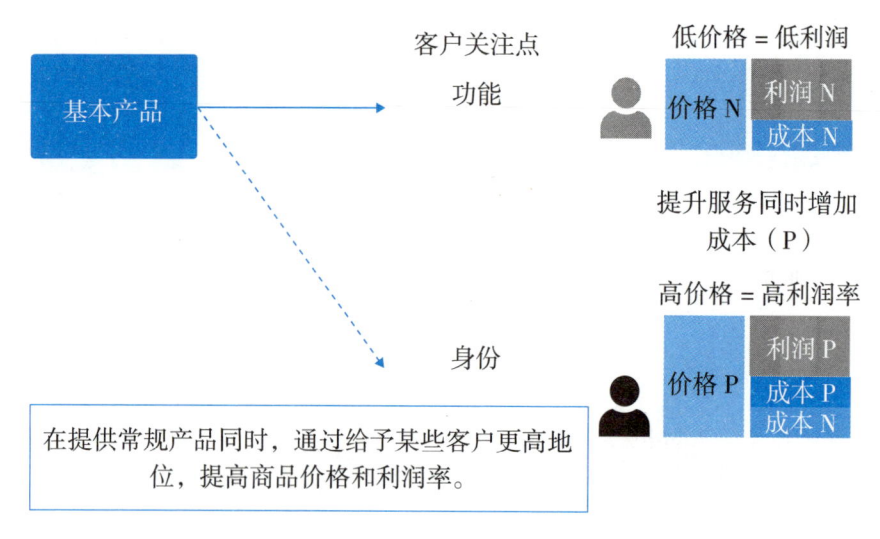

图3.28 斯诺勃效应价值获取方式

而在白金会员之上还有百夫长黑金会员，但只有接受美国运通的单独邀请才能成为这个等级的会员。黑金会员年费35万日元（不含税），这是该公司能提供的最高的会员等级。而事实上，黑金会员并不能经常享受到额外的服务。但这些会员并不关心这些，他们之所以愿意掏钱，就是为了让美国运通"高看一眼"。

如果企业本身没有品牌效应，就无法靠斯诺勃效应获利。但是只要有一定的品牌影响力，就一定有利用斯诺勃效应获取利润的可能性。

㉙ 特许经营

特许经营即特许经营人允许他人使用其商誉，并在一段时间内赚取利润。授予特许权的公司（许可方）向使用特许权的公司（被许可方）提供经营业务所需的服务，包括商标、产品使用权、采购、销售、客户获取、招聘和产品开发，特许人为此收取报酬（图3.29）。

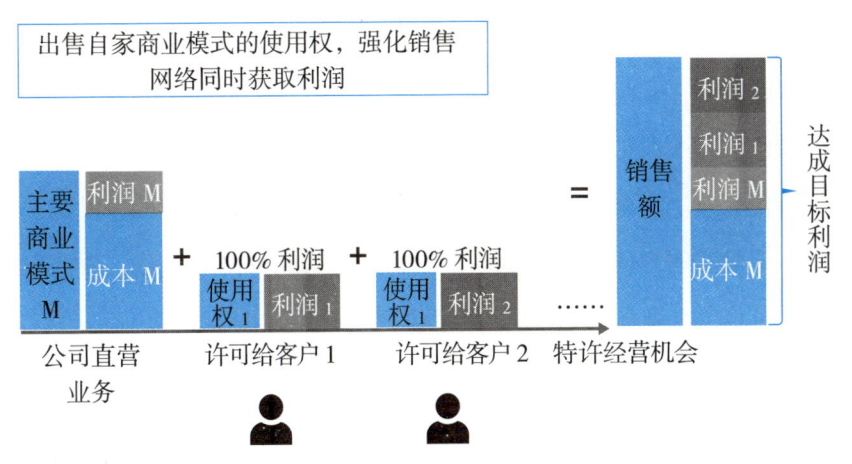

图3.29　特许经营价值获取方式

公司在创造利润的同时也创造了价值，并通过将特许使用权出租给其他公司，获取特许利润。许可方必须能够以身作则地"赚大钱"，被许可人才能更加乐意使用这种商业模式。最终企业、客户以及被许可方都能获益。

麦当劳是世界特许经营权交易的翘楚。1995年，雷·克洛克（Ray Kroc）便对麦当劳兄弟的汉堡店十分看好，于是他便创立了麦当劳餐厅（现为麦当劳公司），自己则成了许可方。

随后他把麦当劳的价值创造方式以许可的形式授权给其他公司，并收取对方销售额的一部分作为特权使用费。

虽然历经坎坷，最终雷·克洛克获得了麦当劳的管理权，为麦当劳今后的发展奠定了基础。麦当劳的经营模式十分巧妙，首先麦当劳的土地资本都抵押给银行以便融资，土地本身又能用来建立麦当劳门店，并将店面租赁给被授权方。土地仍旧归雷·克洛克所有，而被授权方只负责按照合同约定经营门店。

由于银行信任麦当劳价值创造的实力，所以雷·克洛克在短时间内就获得了许多房产。他的方法就是先开设门店、教授经营理念、准备营业，然后授权，最终为企业获利。

自麦当劳之后，特许经营已经渗透到了各行各业。比如7-11便利店、连锁小酒馆、书店以及音像制品租赁店等。

㉚数据访问

数据访问即企业在创造价值的同时，把自身积累的数据分享给需要这些数据的其他企业，并向对方出售数据访问权，从而为企业盈利。以往我们可以出售某一段时间内的数据（数据集），但随着互联网的普及，数据每天都在更新，因此当今最普遍的做法是出售数据访问权（图3.30）。

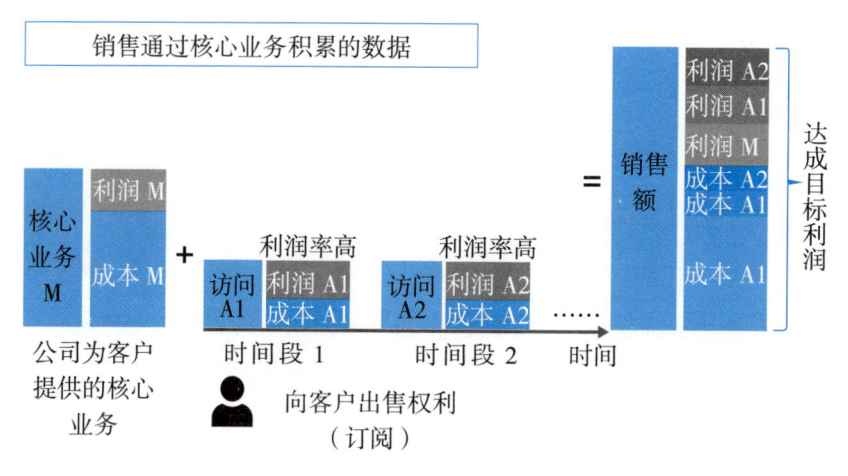

图3.30 访问权价值获取方式

使用这种价值获取方式时，一定要事先考虑清楚，到底有哪些人会对你公司通过核心业务积攒的数据感兴趣。随后还要思考对方更习惯如何访问信息，并据此制订提供信息的方法。

纪伊国屋书店不只销售图书，书店POS机记录的各家纪伊国屋书店的信息都可通过"Pub Line"获取。纪伊国屋书店是最先想到把POS机数据向其他企业公开的公司。购买这些信息的客户主要是出版社编辑、销售代表等。他们希望全方位地了解图书销售趋势以及竞争对手出版物的销售情况，这样就能制定正确的销售战略。因此这些信息对他们来说很有利用价值。

纪伊国屋书店数据库访问权收费标准为每个账号每月10万日元（不含税），虽然价格不菲，但订单一直保持增长。由于数据库是公司自主搭建的，所以运营成本很低。笔者相信今后数据库能够成为他们继图书销售以外，另一个重要的收益来源。总之这是一种开辟新客源的特殊价值获取方式，但只要条件合适，任何企业都可以尝试。

看过这30种价值获取方式之后，相信你一定发现了适合自己的一款。

下面请允许笔者再提醒几句。首先，一个行业的常识，换一个行业可能就成了价值获取的创新。比如一家制造类企业，虽然以产品销售（①）为核心价值获取方式，但也可以利用其余29种价值获取方式，实现盈利模式创新。

分销行业常常使用产品组合（②）盈利，而开市客则开创性地采用了会员制（⑲）这种新型价值获取方式，因此他才能取得远超于其他同行的成功。

数码产品以及汽车制造业虽然也以产品销售（①）为中心，但也有苹果公司探索服务化（⑧），特斯拉探索副产品（㉑），他们在商业模式方面的创新为企业带来了丰厚的回报。

其次笔者还要提醒一下，一个业务单元只有配套的一种价值获取方式。业务单元是指拥有目标客户和竞争对手并向他们提供产品的业务。它可能是一个部门，可以写进组织架构，也可能只是一个部门负责的小规模业务或项目，那么就不会写进组织架构。

只要有一项业务进行了盈利模式创新，那么当前的价值获取方式也会随即改变。举一个最简单的例子，就是从当前产品销售（①）为主的盈利模式完全转变为以均价订阅制（⑫）为主的盈利模式，那就是奥多比（Adobe）从原本的单纯销售Creative Suite转为以订阅制出租Creative Cloud。

| 盈利 |

转型之初，两种价值获取方式其实是并存的，但由于这两种盈利模式在对待客户以及运营方式方面差距太大，Adobe不得不"壮士断腕"，舍弃了原本盈利状态良好的产品销售模式，而彻底靠订阅制获利。

最后，虽然一项业务可能看起来使用了多个价值获取方式，但通常情况下这是因为有不同的业务部门参与其中造成的结果。比如亚马逊的在线商城似乎包含了产品销售（①）、Prime 会员均价订阅（⑬），以及从商家身上获利的收费项目（㉓）。这背后其实由多个业务部门参与，他们根据不同的价值创造方式，使用了不同的价值获取方式，因此才能兼容并蓄。而如果从企业整体角度看，亚马逊还使用了按量计费订阅（⑭），但AWS业务则由亚马逊子公司负责。

因此在盈利模式创新时，应该让现有业务部门更新价值获取方式，或者随着价值获取方式的增加而增设新的业务部门。

寻找新价值获取方式

这30种价值获取方式其实都是前人总结出的"成品"。一般情况下，企业可以自行选择，并努力改变自身的价值获取方式。

但是本书的目的是启发各位"面向未来"实现盈利模式创新。如今，我们的世界正经历着巨变，因此我们不能仅仅满足于套用前人的"成品"，而要牢牢把握自己企业的方向盘，去发现第31、第32种乃至更多种的价值获取方式。

那么如何才能发现前所未有的价值获取方式呢？

想要发现新的价值获取方式，首先就要准备好"材料"，再按照一定的步骤将他们"组合"起来。

下面我们再看看这30个价值获取方式。由于这些方法都是企业家、创业者智慧的结晶，因此也有很多变化的空间。虽然这些方法看似毫无共通点，而事实上只要你认真观察，就能发现一个关键词。

那就是"收益来源"（source of revenue）。这30种价值获取方式都在倡导我们充分利用收益来源为企业获利。

30种价值获取方式体现的收益来源如表3.2所示。不过请各位注意，这里列出的10个收益来源只是比较典型的例子，并非全部。

表3.2 多元化收益来源典型案例

收益来源	概要
①产品	出售产品收回成本和利润
②配件	以主要产品的配套配件获得收益
③维护	通过售后维护获利
④服务	产品销售后为客户继续解决问题并收取服务费
⑤报废	通过帮助用户处理他们的报废产品获利
⑥会员费	通过收取会员费获利
⑦副产品	销售由核心业务产生的副产品或权利
⑧知识产权	通过出售内容和IP使用权获利
⑨广告	通过向广告商收取广告费获利
⑩版权费	通过出售业务和项目的许可权获利

在30种价值获取方式中，制造业企业最广泛使用的是"①产品销售"，这些企业习惯做钱货两清的交易。那么他们的收益来源是什么呢？当然是"①产品"了。那么，想要发现新的价值获取方式，就要以更宽的视野重新理解收益来源，并去寻找除了"产品"之外的新收益来源。

那么利用这些收益来源，可以开发出什么样的价值获取方式呢？

比如，我们可以将30种价值获取方式中的"⑱吉列剃须刀商业模式"和10种收益来源中的"①产品""②配件"组合；而价值获取"⑲会员制"又能和收益来源"①产品""⑥会员费"组合；价值获取"㉑副产品"则能和收益来源"①产品""⑦副产品"组合。

| 盈利 |

当然我们也可以深入挖掘一种收益来源。比如用价值获取"⑫均价订阅制"与收益来源"⑥会员费"组合，获取长期稳定的利润。

图3.31展示了价值获取与收益来源的关系。

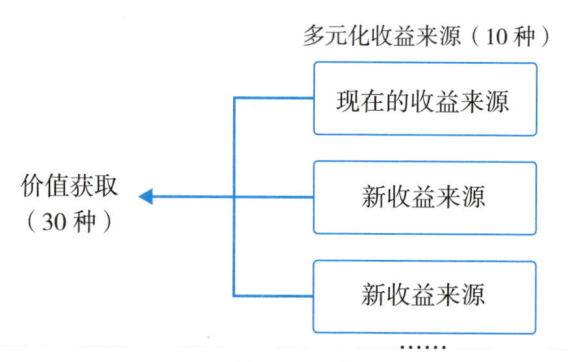

图3.31 价值获取的重点是收益来源

可见这30种价值获取方式都是由10种收益来源构成的。想要开发出新的价值获取方式，就要正确理解收益来源。我们要运用好多个收益来源，通过巧妙的组合和脚踏实地的实践，开发新的价值获取方式。

但笔者还是要告诉大家，有时候一家老牌制造类企业，把由②至⑩的收益来源都研究了一遍，甚至一一尝试，结果也可能一事无成，最终不了了之。

但是随着时代、环境的变化，曾经行不通的道路，如今可能变成了一片坦途。特别是这个信息时代，物联网和人工智能已经悄然进入我们的日常生活。因此，以往只存在于理论中的收益来源以及需要"人海战术"才能开发的收益来源也开始为我们带来真实的利润。在日新月异的时代，我们应该定期总结企业的收益来源。

这里我们只展示了10种具有代表性的收益来源，但收益来源绝对不止这些。只要你能尽可能多地发现收益来源，就一定有机会开发出崭新的价值获取方式！

那么如何才能发现新的收益来源呢？在下一章中笔者将抽丝剥茧地将方法传授给你。

第4章
收益来源多元化

要点

- 如何拓展收益来源?
- 收费点、收费用户和收费时机
- 收益来源的目的是盈利

关键词

- 收益来源多元化
- 新收益来源
- 收费点
- 收费用户
- 收费时机

第4章 收益来源多元化

上一章介绍的30种价值获取方式，基本上都是前人总结的"盈利方法"，因此我们也能站在前人的肩膀上为自己的企业获取价值。

但本书的目的不在模仿，而是希望各位能开拓"未来"，完成盈利模式创新。为了达到这个目标，我们首先应该关注收益来源的多元化，从"收费"的角度再次深入思考。

收益来源一旦改变，你就可以开发出一种独特的价值获取方式，从而推进盈利模式的创新。

合乎逻辑地计算收益来源

盈利模式创新是本书的终极目标，这就要求我们改变现有的价值获取方式。

为了实现盈利模式创新，首先就要拥有多元化的收益来源，之后我们还需要"价值获取""利润化"两步走。图4.1恰体现了这一过程。本章将为各位解释，为什么收益来源才是价值获取的基础，以及"收益来源多元化"的意义。

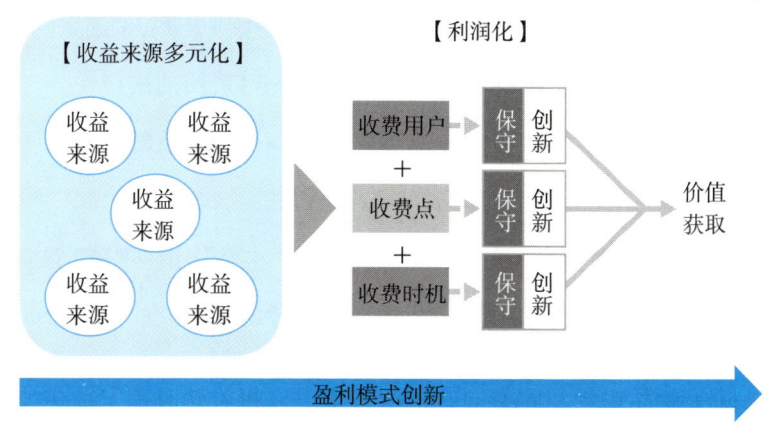

图4.1 盈利模式创新需要多元化的收益

| 盈利 |

利润从何而来

如果你试图从财务或会计的角度去理解什么是收益来源，思绪很快就会陷入停滞。因为那会让你的思维限定在财务术语和一笔笔账目上，满眼都是已有的收益来源，而难以发现潜在的新收益来源，更不要谈实现收益来源的多元化了。

那么我们应该怎么做呢？首先我们不能只关注显而易见的收益来源，而是要尽力开拓潜在的收益来源，而且还要思考为什么这样的收益来源能为企业盈利。而这一过程的关键词是"收费"。

收费，顾名思义就是"收取费用"。从现有的收益来源看，即人们为商品或服务支付费用。下面请回忆一下你公司的收益来源是什么，也就是谁在哪个时间段会对哪个产品付费。

同理，新的收益来源，也就是谁在哪个时间段对哪个尚未出现的产品付费。只要从支付的角度思考，就能理解消费者的感受和痛点。

不过对于收费用户而言，"收费"已经是一个再熟悉不过的词了。收费本身的含义，如上所述，是企业向收费用户收取一定费用的行为。但现在消费者也开始用"收费"一词表达自己"付钱"的行为。从语法的角度上看，支付方说"收费"其实是不对的，但享受游戏、音乐和视频服务的用户早就习惯这么说了。

因此，不论是收取费用的企业一方，还是支付费用的用户一方，都把这个词当成了"共同语言"。由于它能涵盖付款一方和收款的一方，所以我们也只有站在这样的高度，才能发现尚不为人所知的新收益来源。

因此本书在探讨收益来源多元化方法的时候，才要引用"收费"这一概念。

那么企业的收费产品和项目有哪些呢？或者说，企业的哪些产品和服务将来有收费的可能性吗？或许我们应该给自己找一个"鱼眼镜头"，用更广阔的视野寻找更多的收益来源。

发现收费点

制造业企业对"收费"这个词的直观印象就是"向主要目标客户收取费用"。但事实上收费的对象可不止主要目标客户。很多网站、视频服务、软件的主要客户几乎不会给平台付费,但总有人为平台买单。

收费时机也不是"立即收回所有成本"。如今流行的均价订阅制同样不会当场向顾客收费,而是让顾客续订,从而获取更多利润。

这种收费方式,是那些单纯依靠产品销售向顾客"收费"的制造、零售业企业愿意接受的。因为这些企业只有引用收费的概念才能发现更多新的利润来源。

收费点即企业可以收费的部分,而实际上这部分内容是否收费,或者公司是否发现了这些要点都无所谓。它既包括已经被人们发现的收益来源,也包括虽然被发现,但仍旧选择不收费的部分,还包括尚未被发现的潜在收益来源(表4.1)。

表4.1 收费点的全部内容

是否收费	已被发现	尚未发现
收费	收费中的收益来源	—
不收费	未收费的收益来源	潜在收益来源

站在收费点的角度,我们能发现很多种收益来源(图4.2)。

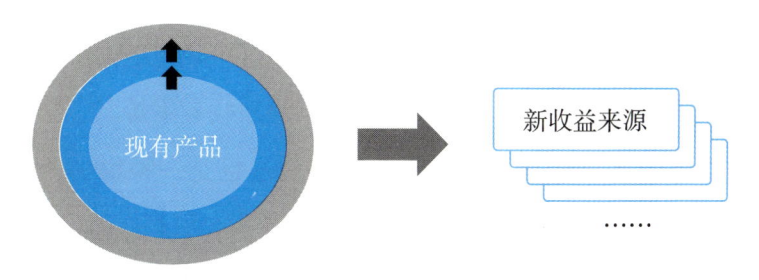

图4.2 收费点包含潜在的收益来源

| 盈利 |

特别是制造、零售业企业，已经实现了靠"产品销售"获利，那么下一步就该先寻找产品以外的收益来源，再不然就应该以当前销售的产品为中心，寻找相关产品或周边服务包含的收费点。

那么接下来我们就快来寻找一下收费点吧！

利用收费点来促进收益来源多元化

制造业企业想要寻找新收益来源，最有效的方法是先去了解目前企业可以在哪些方面收费。

向企业付费的主体是顾客。因此，企业有必要以现有产品为中心，思考一下主要客户可能在哪方面"掏钱"，再梳理一下企业当前的收益来源。

这种观点能够有效地帮助我们发现那些从未被人们关注的候补收益来源。而且，对于制造、零售业企业而言，从核心产品出发，更容易理解。

收费点与产品多元化的区别

制造、零售业企业最大的收益来源仍然是产品。企业按照一定的利润率为产品定价，等待消费者购买产品。在这种交易中，企业能够获得固定的收益。

想要发现新的收益来源，就要找到现有产品以外的收益来源。请看图4.3。

许多制造业企业和零售业企业都在使用图4.3中的方法增加自身收益来源，即"产品多元化"。一旦高层下令"增加收益来源"，大多数企业的常规做法都是增加当前产品的种类。当然这也是一种增加收益来源的方式。

不过仅凭增加产品种类来增加收益来源，到头来企业的收益来源仍旧是产品销售一种而已。因此产品多元化不能等同于收益来源多元化。

【产品多元化】
增加产品品类的同时
增加收益来源

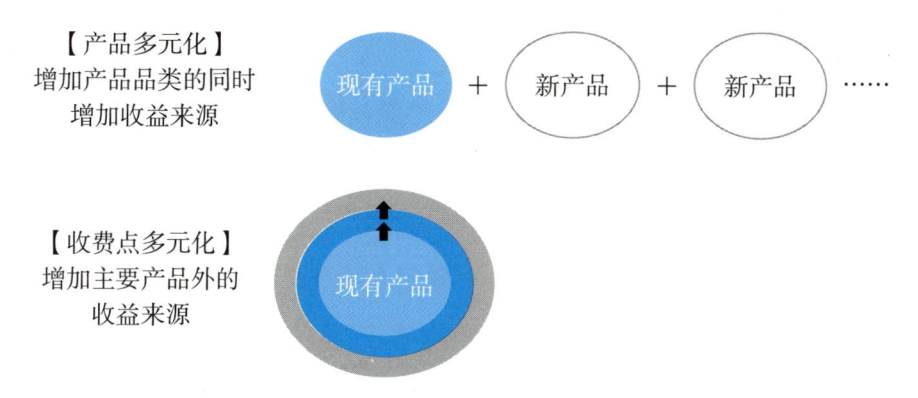

现有产品 ＋ 新产品 ＋ 新产品 ……

【收费点多元化】
增加主要产品外的
收益来源

现有产品

图4.3　收费点促成收益来源多元化

不论产品多元化做得多么成功，只要主要收益来源仍旧是产品销售，制造、零售业企业的利润率就不会有太大变化。而且开发爆款产品并非价值获取，而是价值创造，本质上仍旧是在原有的框架中和同行竞争。

之所以要在价值获取的框架下，以收费点为指导实现收益来源的多元化，主要是因为它能帮助我们发现潜在的收益来源，改变获取利润的方式，改变企业的利润结构。不同于以往的价值获取方式，以收费点促成收益来源的多元化足以促成盈利模式的创新。所以，笔者才希望各位认识到企业目前最主要的收益来源，并探索与之大不相同的潜在收益来源。

图4.3下半部分恰恰说明了这点。企业不再一门心思使产品多元化，而是为了潜在收益来源的多元化献计献策。制造业企业主要的收费对象是购买其产品的顾客，因此需要寻找产品以外的可以收取费用的地方。这就是我们反复强调的"收费点"。

着眼收费点，能让制造、零售业企业摆脱对产品的依赖，从而拓展出更多的收益来源。

发现收费点

那么制造、零售业企业如何在保障核心产品产销的同时，寻找到新的收

| 盈利 |

费点呢？图4.4为我们指明了方向。[①]

在我们销售现有产品的同时，还要思考它的关联产品、服务。这样思考，工作才会更加轻松。

圆心部分是公司现有的"主要产品"，周围的同心圆则分布着"配套产品"。再靠外一层则是"配套服务"。各位不妨参考一下图4.4，或许你很快就能发现企业现阶段的收费点了。

同心圆中列举的收费点只是各项分类中比较有代表性的收费点。我们可以将图中所有的收费点都当成潜在的收益来源。但要记住，这只是一个粗略的统计，主要目的是帮我们找到能够配合主要产品的收费点。

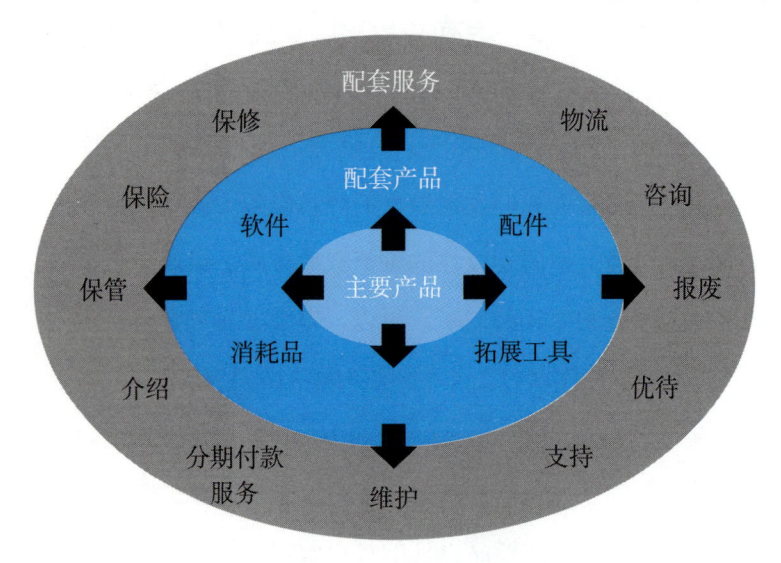

图4.4 围绕主要产品发现新收费点

例如主要产品的配件、拓展工具、消耗品、软件等，都属于"配套产

[①] 这与西奥多·莱维特（Theodore Levitt）在1969年提出的"产品整体概念模型"十分接近，这个理论后来因杰弗里·摩尔（Geoffrey Moore）的《跨越鸿沟》而一举成名。虽然这个理论常常被用于提高服务质量的营销框架，但本书则从收费点的角度，将其作为收益来源的框架。

品"。如果消费者购买了主要产品，那么随后也可能继续购买这些配套产品。研发这类产品的意义在于，防止主要产品市场表现不佳，或者作为主要产品的辅助，提高主要产品的价值。

配套产品外侧的同心圆包括物流、服务、产品保修保险服务等"配套服务"。它们能在服务的层面为主要产品提供辅助。

不过图4.4中仅仅是部分例子，制造业企业需要结合自身特点，探寻主要产品的相关收费点。有些产品和服务已经进入人们的视线，但还有更多尚未被发现且确实能够给企业带来利润的新产品、新服务。希望各位能够抽丝剥茧地整理出更多的收费点。

下面我们来看看表4.2，它是图4.4的延续，为我们展示了相对利润率的高低。

表4.2 主要产品周边的收费点

类型	主要产品	配套产品	配套服务
收费点（项目）	产品	配件、拓展工具、消耗品、软件	物流、咨询、报废、优待、支持、分期付款服务、维护、介绍、保管、保险、保修
种类	1	4	11
相对利润	低	中	高

随着主要产品向配套产品、配套服务的扩张，人们开始从现存的收费点出发，探索极富潜力的新收费点，因此我们有理由相信，今后企业的收费点会越来越多。不过，那些潜在的收益来源最终是否成为收费点，这仍有待验证。

在考虑这个问题时，向消费者收取的金额和提供服务所产生的利润率将成为判断依据。对于那些没有形成品牌优势的一般硬件而言，定价很难提高。但是，如果一直保持低价销售，利润率又会很低。

此时我们可以利用配套产品提高利润率。比如配件、消耗品等配套产品都有助于提高主要产品的功能和设计感，因此能够保证较高的定价。一般而言，配套产品比主要产品的利润率高。

保险和维护等配套服务对于产品的使用者十分重要，但很多企业本身没有类似业务，而是将这部分服务外包给合作企业。企业最终只能收到很小一部分手续费，但这笔收入来得十分轻松，且毛利占比很高，因此最终利润率也很高。

因此，了解收费点的大致情况，就能为价值获取找到合适的"材料"。看完图4.4展示的收费点后，我们需要从中寻找真正能够成为收益来源的项目，并思考如何将这些收益来源与企业的主要产品结合起来。

清算收费点——以特斯拉为例

前文我们已经分析了收费点的概念，下面我们以第2章介绍的电动汽车制造商——特斯拉为例，具体看看收费点的实际应用。

特斯拉的产品自然是电动汽车。在特斯拉的产品线中，最受欢迎的自然是豪华轿车Model S了。图4.5就是以Model S为"主要产品"绘制的收费点参考图，下面仔细观察并分析。

Model S的配套产品主要是雨刮器和刹车片等维持汽车正常使用的必要配件。其他配件还包括充电专用的"CHAdeMO 适配器"等常用配件。"豪华座椅""轮毂"和"外置扩音器"等可选拓展工具也属于"配套产品"。另外，特斯拉汽车支持通过空中下载技术（OTA，Over The Air）[1]更新汽车系统，因此"操作系统更新"和"自动驾驶软件"也属于配套产品，同时也是很好的收费点。

---

[1] 特斯拉的一项通过移动通信的接口实现对软件进行远程管理的技术。——译者注

"配套服务"方面，主要包括特斯拉合作代理点"产品介绍"服务，使用特斯拉充电系统"超级充电"服务，度假区、豪华酒店等"停车优待"服务,专用充电车道等，"八年电池保修"，甚至是出售二手特斯拉时的"二手车保修"服务以及分期购买，或是"交车、陆路运输"服务等。

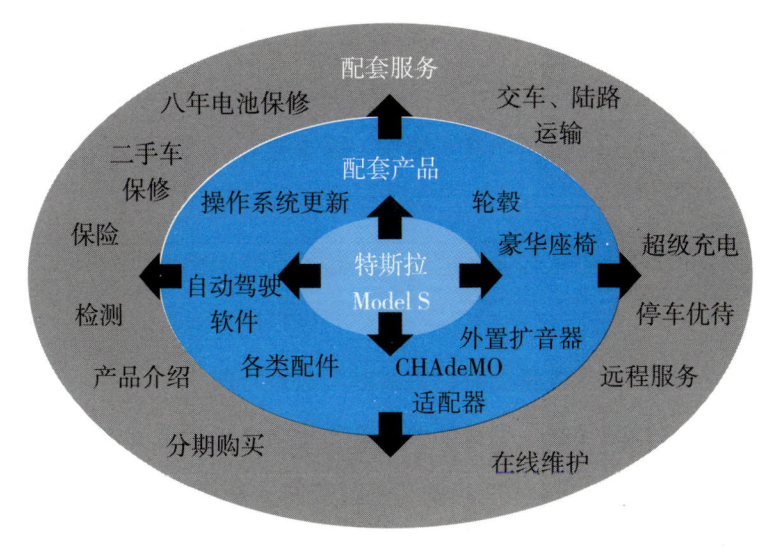

图4.5 特斯拉Model S的收费点

另外特斯拉旗下的产品除了Model S，还有SUV Model X、小轿车Model 3、小型SUV Model Y、运动跑车Roadster等。这些产品虽然是Model S以外的收益来源，但特斯拉此举只是通过产品多元化增加了旗下的产品阵容，因此并不属于收费点。

而在前文中提及的配套产品、配套服务才是真正的收费点，也是企业未来的收益来源。

那么特斯拉到底是如何把收费点变成实实在在的收益来源的呢？

再次分析图4.5，特斯拉的收费点中，既包含已经被人们认识但并未收费的收益来源，也包括已经形成的收益来源，而且两者是互相区别的。表4.3中，带下画线的是特斯拉当前的收益来源或曾经使用过的收益来源。

表4.3 多元化的收费点

类型	主要产品	配套产品	配套服务
收费点（项目）	<u>特斯拉 Model S</u>	<u>轮毂</u>、<u>豪华座椅</u>、外置扩音器、<u>CHAdeMO适配器</u>、各类配件、<u>自动驾驶软件</u>、操作系统更新	<u>交车和陆路运输</u>、<u>超级充电</u>、停车优待、远程服务、在线维护、分期购买、产品介绍、<u>检测</u>、<u>保险</u>、二手车保修、八年电池保修
种类	1	7	11
使用的收益来源	1	5	6
相对利润	低	中	高

注：带下画线的文字表示实际收益来源。

尤其要注意配套服务一栏。其中有些服务已经是比较成熟的收费点了，但还没成为特斯拉的收益来源。即便存在收费点，也不一定能全部转化为收益来源，还要考虑顾客的总体支付金额，调节整体收益来源布局。

Model S作为主要产品，其定价自然最高，但是从利润率来看，还是配套服务和配套产品的利润率更高，因此这些业务才能有效提高整体利润率。

从收费点的角度看，收益来源也包括未收费的项目，起步阶段应该总揽全局，不要漏掉任何一个收费点。因此图表中包含了目前还没有开始收费的业务，记录得十分完整。下面就要设想一下，这些项目什么时候才能开始收费。

事实上，特斯拉会根据具体情况将不收费的项目变为收费项目，从而开辟收益来源。曾经的免费充电服务，如今早已成为特斯拉的重要收益来源。

所以，了解公司现状和目前掌握的收费点尤为重要。

再次寻找收费点

我们一直以来都在思考如何增加企业主要产品的收费点。制造和零售领域的企业往往比较关注产品，他们习惯以产品为中心，探索收益来源的多元化。这种思维模式对于这类企业而言相对容易，对收益来源多元化的讨论也会更加活跃。

对于参与一线工作的管理者而言，他们可以从现有的产品入手，回顾是否还有可以改善的空间，并尝试发现新的收费点。

不过这种方法也有其局限性。有时候我们围绕一种产品试图寻找收费点，但到头来可能会发现，公司已经有这方面的布局了。有时候越是敢于尝试和创新的公司，就越难发现未知的收费点，这就是他们要面对的困境。

因此为了从更广的角度探索收费点，我们有必要引入拓展概念。那么，接下来我们就引入收费用户和收费时机的概念。请看图4.6。

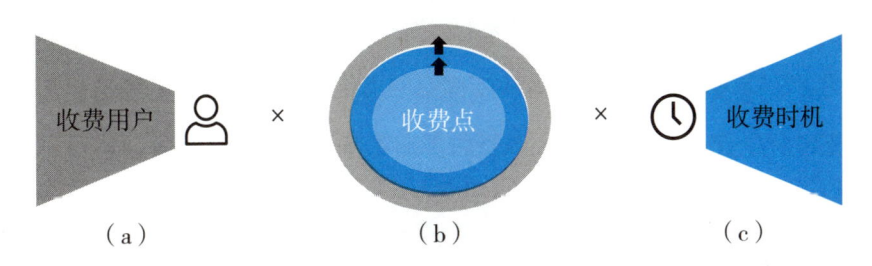

收费用户 （a） × 收费点 （b） × 收费时机 （c）

图4.6　以拓展概念促进收费点多元化

第一个拓展概念是"收费用户"［图4.6（a）］。收费用户不仅指现有消费者，也包括将来有可能消费的潜在消费者。因此我们要考虑到今后是否有新用户为我们提供收益。

站在"收费用户"的角度，可以帮助我们思考"谁支付"的问题。提起"消费者"，许多企业都会将之定义为"主要客户"或"目标用户"。但事实上还存在着许许多多潜在的收费用户。对于企业而言，寻找新的收费用户的过程就是寻找从未发觉的收费点的过程。

第二个拓展概念是"收费时机"［图4.6（c）］。收费的重点在于，选择合适的时间向消费者收取费用。商家既可以在消费当时收费，也可以慢慢培养客户，之后再收取费用。

| 盈利

制造、零售领域的企业往往会选择前者，因此他们不太会关注收费的时机。但是那些利用订阅业务获利的企业呢？他们往往不会在消费者订阅的同时收费，而是有意将提供服务和收费的时间错开。而且随着时间的增加，累积的利润会慢慢成为一笔巨大的财富，最终可能极大地增加企业的价值。

运用收费时机的概念，企业能够发现此前从未关注到的收费点。我们接着往下看。

从收费用户的角度实现收费点多元化

"收费用户"是收费点的拓展视角之一。

为了广泛理解收费点，就要改变固有的思维方式。不要总是考虑目前的客户会支付多少费用。我们甚至要改变收费的主体，即消费者本身（图4.7）。

图4.7　从收费用户的角度认识收费点

收费用户的角度

收费用户指企业收费的对象，因此并非单指目前的客户，也包括未来有消费可能的潜在客户。另外，之所以可以把消费者称为收费用户，主要因为，支付费用的人不仅仅是顾客，也可以是企业客户或其他人群。即便企业目前无法从他们身上获取收益，我们也要把他们当成未来的重要客户，从他们身上挖掘收费点。

前文所述的收费点，可以指导我们探讨能否从主要客户身上继续获取利润。制造类企业的主要客户往往对企业的产品十分感兴趣，也能够向企业支付一定的费用，为企业带来利润。传统企业会培养自己的主要客户，并努力成长为受客户喜爱的优质企业。

所以在探寻收费点的同时，我们当然要以主要客户为基础，但一定要记住，这些客户只是目前的收费用户。还有更多的收费用户等待我们发现。一旦发现了新收费用户，也就能发现更多收费点。

发现新收费用户的方法主要有以下两种。

第一种是将主要客户以外的顾客转化成收费用户，并且主要客户以外的顾客，可能会支付更多的费用。

第二种是将视野拉向顾客以外的利益关联方，让他们成为收费用户。制造、零售业企业往往实行传统的商业模式，他们总是认为"只有顾客才能为企业带来收益"。但要知道，顾客以外还有很多潜在的收费用户。

关于这一点，我将在后文继续解读。

主要客户以外的其他收费用户

企业在寻找收费用户时，首先要考虑除了通过营销分析而发现的目标客户，是否还有其他客户能为企业带来利润。

一般而言，企业眼中的"顾客"往往都是当前购买企业商品或服务的人。但是顾客的定义不仅于此，请看图4.8。顾客其实可以分为有代表性的收费用户（即主要客户）关联客户以及状况优先客户。

图4.8　区分主要客户和收费用户

| 盈利 |

主要客户即对主要产品有明确购买欲望的顾客。但是主要客户以外，还有一些和顾客一样，能为企业提供利润的交易参与者，而且他们提供的利润更大。想要深刻理解新的收费用户，就要先关注这点。

主要客户以外的收费用户，即关联客户和状况优先客户。这些收费用户比主要客户支付的费用更多，最终甚至能够成为企业的利润支柱。下面我来一一说明。

关联客户

关联客户指存在于主要客户身边，与主要客户一同生活、消费的人或组织（图4.9）。B2C企业将一般消费者作为主要客户，而这些客户的亲戚、朋友、同事、恋人等则属于关联客户。

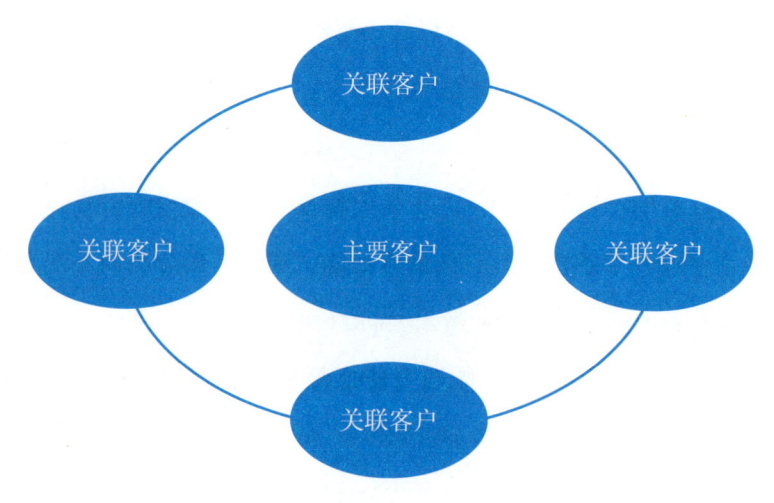

图4.9 客户的身边人——关联客户

关联客户中，与主要顾客一同消费的同伴，是最容易发展成新收费用户的。关联客户为企业带来的利润往往高于主要客户。事实上，在B2C服务业，关联客户选购的非主打服务确实能让企业获得更多利润（参考第3章表3.1）。

最简单的例子就是儿童电影。虽然儿童电影的主要客户是儿童,但这些影片往往选择在暑假时上映,这样家长才会带着孩子来观看。多数情况下,家长(关联客户)只是陪伴孩子(主要客户),但事实上家长才是新的收费用户。而且这些关联客户支付的费用是主要客户的两倍,对毛利率的贡献很大。不论是对于制作电影的企业(影视公司)还是对于销售电影票的企业(电影院)而言,这群家长才是重要的收费用户(第3章表3.1中的⑨)。

家长往往把看电影当成一项家庭集体活动,每次看电影也会在电影院给孩子买点爆米花或周边玩具。这些关联客户身上潜藏着巨大的利润。从这个角度上看,游乐园和电影院似乎有异曲同工之妙。

所以寻找主要客户以外的关联客户才能发现新的收费点。

B2C中的制造、零售业企业往往会把男女用户分成两种收费用户。特别是奢侈品企业,他们认为女士是主要客户,而男性则是关联客户。例如,爱马仕和路易威登的主要客户都是女性。

但支付更多费用的往往是陪同女性顾客一起购物的男士,即所谓的关联客户。实际上那些男性收费用户往往会把奢侈品作为结婚信物或礼物。另外,如果一对恋人购买成对的珠宝,也相当于让商家获取更多利润。

下面我们就能通过关联客户的概念继续深入思考。我们不能只关注增加主要用户,而要时刻记住,关联客户可能比主要客户支付更多费用。

虽然企业为主要客户创造价值,但价值获取的主攻方向却可以是关联客户。请看图4.10。其中重收费和轻收费只表示收取金额的多寡,可见关联客户支付的费用比主要客户还多。

图4.10(a)和图4.10(b)分别展示主要客户与关联客户的特点,主要客户支付的费用较少,因此属于轻收费。这里的主要客户指的是看儿童电影、去游乐园玩的孩子,也指购买奢侈品的女性。主要客户周遭的关联客户虽然不是购物的主力军,但商家却能在他们身上获取更多利润。

| 盈利 |

这很可能颠覆了人们的认知，因为它不同于倡导以培养主要客户为中心的传统营销理论。但是，在实际的商业活动中，这却是一个非常普遍的现象。当对主要客户的分析已经饱和时，可以将目光投向关联客户，发现新的收费点。

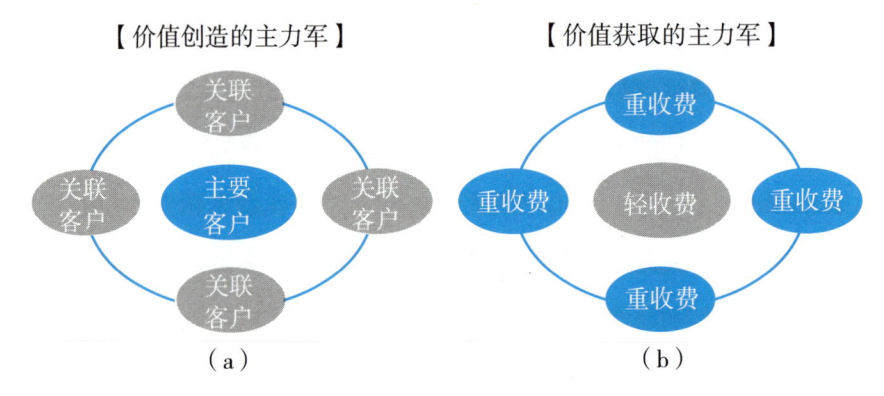

【价值创造的主力军】　　　【价值获取的主力军】

（a）　　　　　　　　（b）

图4.10　关联客户是收费主力军

状况优先客户

关联客户若与主要客户共同出现，他们也是重要的收费用户。他们会为了和主要客户共同享受购物时光、分享快乐而"破费一番"。

状况优先客户与关联客户的目的相似，他们也属于收费用户。

状况优先客户会以身处的状况为优先，而支付更多的费用。比如在特殊的日子，他们更愿意多花些钱。游乐园的优先项目门票之类的付费项目正是为这群人量身打造的。之所以有些顾客愿意对同样的游玩项目"多掏钱"，主要是因为他们想要节约时间，减轻负担（图4.11）。

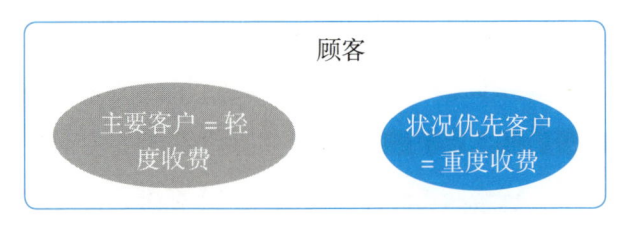

图4.11　状况优先顾客的重度收费

位于大阪的日本环球影城以快速通行证作为收费点，东京迪士尼度假区也有类似的通行证，但它们并未将快速通行证作为收费点，而是免费提供给有需求的游客。

近年来，日本环球影城接待了很多来自中国的游客，由于中国游客往往选择一日游，所以快速通行证成了他们眼中的"抢手货"。日本环球影城索性就把中国游客作为状况优先客户，为他们专设了这个收费点，从而为企业盈利。

日本环球影城从2019年开始引入动态定价，以便从状况优先客户身上获取更多利润（第3章表3.11⑪）。此后日本环球影城的门票价格会根据客流量的多少而变化，不同日期、不同时段票价也不一样。比如周六票价较高，而游客流量较少的时段票价就相对低一些。状况优先客户因时间紧张或希望在特定时段游玩，成为企业的重度收费对象。

网购时为了保证商品快速运达，而选择更贵快递服务的客户也属于状况优先客户。如果多花点钱就能保证商品准时送达，那么不论是谁都会乐意。尤其是在发送紧急订单或礼物时，速度尤为重要。在这种情况下，状况优先客户往往愿意承担高价邮费。

客户之外的收费用户

到目前为止，我已经为大家介绍了主要客户身边的收费用户。下面，让我们探讨一下，除了现有的客户，是否还存在潜在的收费用户。

请看图4.12。其实企业周围的客户、合作企业、互补企业、竞争企业都可能是我们潜在的收费用户[①]。这张图经常被用于经营学，他向我们展示了商业活动中的所有利益关联方（参与者），而他们都可能成为企业的潜在收费

---

① "价值相关图"表明所有业务关联方都可以成为合作伙伴。

| 盈利 |

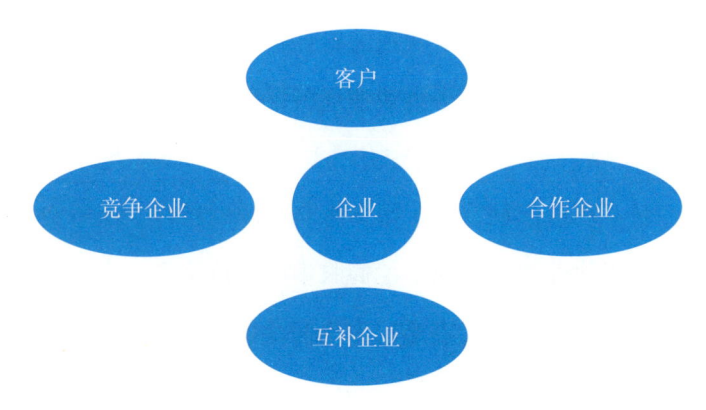

图4.12 纵向角度的收费用户

用户。当我们认识到这一点的时候，就能用更广阔的视野为自己的企业寻找收费点了。

下面我们来探讨一下，如何把这些利润相关方转化成收费用户，他们又能为我们提供哪些收费点。

合作企业

B2C企业为了向终端用户提供产品，就需要从合作企业（供应商）采购产品或产品的零部件、原材料等。那么我们通过什么方法，能从合作企业获取利润？从这个角度思考，或许更容易找到出路。

如零售业，可以将自家门店的部分空间租赁给制造商并收取费用。大型运动器材店往往都设有运动品牌专柜，这就是把合作企业转化成了收费用户，零售业发现了新的收费点。对于运动品牌而言，这种投资也是为了推广自己的品牌，可以算是一种广告。

零售业与制制造商的基本关系是建立在零售业企业向制造商购买产品的前提下的。零售业是客户和制造商之间的一座桥梁，那么我们是否能让这座"桥梁"不仅存在于思想中，而且把它发展成一个实体平台，从而为自家企业发现一个新的收费点呢？

STORY

STORY创办于纽约市，是一家备受世人瞩目的创新零售概念店。STORY坚持"以杂志般的视角，如画廊般富于变化，同时保持商店本色"的经营理念。

虽然STORY属于零售业，也会向顾客出售商品，但他们的主要收益来源绝非产品销售。STORY会向入驻店铺的品牌收取一定的委托销售费。由于店内陈列的是制造商的产品，而不是STORY的产品，因此他们能在不承担库存风险的前提下获得相应的销售佣金。

更厉害的是，STORY的收益支柱并不单是销售佣金。事实上，STORY还承包了合作企业的广告和宣传，这也是他们的主要收益来源。STORY的创始人瑞秋·谢特曼（Rachel Shetman）是一名合格的品牌推广专家。她会为制造商提供的产品做店内品牌宣传，并进行时尚展示和活动策划（介绍）。而且每隔几个月店长就会换一个主题，并配合每次的主题改变店内的产品和陈列方式。

由于这家店能够按照不同主题介绍、展示各家制造商的产品，因此短时间内便获得了不小的名气。只要客人进入商店，总忍不住买点什么。这就好像是人们在看杂志一样，STORY的商品则如同刊登在杂志上的文章，人们总会不知不觉地购买。而这种强大的推广力度正是STORY的看家本领。

更重要的是，STORY的经营不仅依赖店长的直觉和经验，还要靠店内设置的大量摄像头。这些摄像头记录了顾客在店内的一举一动，并进行数据分析，这些资料最终都会反映到今后的推广活动中。

有了这些营销抓手，制造商就可以深入了解用户对自家产品的看法和兴趣。即使产品不够畅销，也会有制造商愿意把STORY当成一个宣传平台或咨询机构，并支付广告费和咨询费。STORY因此开发了一个利润颇高的收费点。

| 盈利 |

如果从商场单位面积利润率来看，STORY的利润率相当于纽约老字号"梅西百货"的12倍，因此STORY这种将合作企业转化为收费用户的价值获取方式才会受到那么多人的关注。

但是，正当STORY的名气和实力刚刚开始显现的2018年，梅西百货收购了他们。[1] 今后，梅西百货可以利用STORY的行业技术和经验，挖掘合作企业的商业价值，实现自身的重大变革。[2]

b8ta

下面要介绍的这家企业，同样将合作企业转化为收费用户，以广告和咨询业务为收益来源。

b8ta为科技初创公司发布的产品提供了一个专属于他们的实体店，但b8ta甚至不收取任何销售佣金，仅以合作企业作为自身的收益来源。b8ta提供的服务更接近"零售业调研"，他们会把产品的测评结果反馈给合作企业。

2015年，b8ta的第一家门店亮相旧金山，此后便备受关注。梅西百货投资b8ta之后，他们正式开启了全球战略版图。如今b8ta已经来到日本，并与正在寻求改革零售业巨头丸井集团展开了合作。

纪伊国屋书店PubLine

纪伊国屋书店也实现了合作方向收费点的商业拓展。

纪伊国屋书店是一家B2C图书销售企业，他们擅长将自己的供应商，即出

---

[1] 谢特曼以"品牌体验官"进入梅西百货。后来，STORY 开始作为Macy's Shop Inshop（SIS）继续营业，但目前谢特曼目前已经离开了梅西百货团队。

[2] 自从被梅西百货收购后，STORY 的业绩持续下滑。原因在于，STORY虽然实现了高效的价值获取，但如今它却被以价值创造为根本的梅西百货传统经验模式深刻影响。因此STORY现在遭遇了价值获取与价值创造模式不匹配的窘况，笔者将会持续关注这家企业的发展。

版商转化为收费用户，纪伊国屋书店会利用"PubLine"平台向B2B合作伙伴提供B2C交易数据，并将这项服务作为自身的收益来源。

PubLine平台能够实时显示所有纪伊国屋书店的销售、采购、库存等数据。这套经营模式始于1995年，如今，购买销售数据已经成为出版业的行业标准。纪伊国屋书店的数据库已经成为一项不容忽视的收益来源。

看来，只要将合作企业转化为收费用户，企业就能发现许多新的收费点，并大大改善企业的价值获取方式（图4.13）。

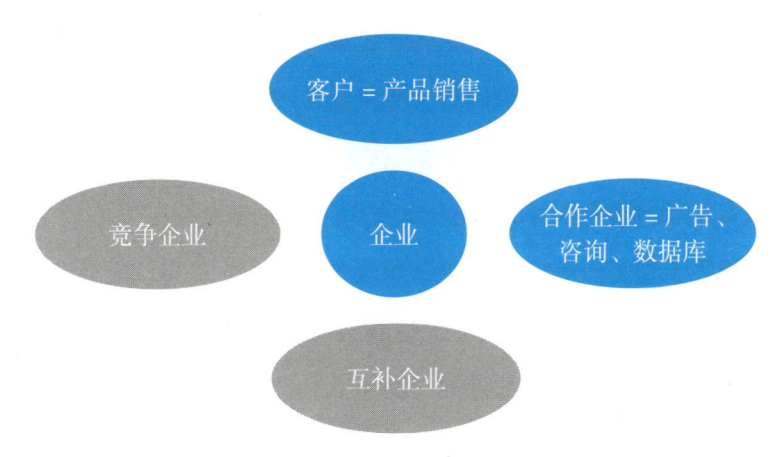

图4.13 把合作企业作为收费用户

此前我们都是以零售类企业为中心进行讲解，但制造业只要能从商业的角度去分析，就也能发现新的收费点。

互补企业

下面我们来看互补企业。

互补企业往往能让自己的产品脱颖而出。比如硬件制造类企业的互补企业就是软件制造类企业。任天堂和索尼互动娱乐（SIE）等游戏主机厂商和软件开发商之间就是互补关系。

授权合作也是任天堂和索尼互娱的重要收费点。不论软件开发商的软件

| 盈利 |

销量、下载量如何，主机厂商总能获取部分利润。对于硬件厂商而言，软件厂商就是他们的收费用户。

网飞

近几年，网飞的热潮甚至席卷了家电业。网飞虽然提供的是视频服务，但他们也是电视制造类企业的优秀互补企业。别看只是在电视遥控器上加上一个小小的"网飞"按钮，但这对于制造商而言却是一个至关重要的收费点。

电视厂商的生产成本已经降低到了极限。网飞在2015年全面进入日本市场时，曾向日本家电制造商提供有关遥控器按钮买断的报价。最终日本国内大多数的电视现在都有了这个"网飞"按钮。

根据笔者对制造商进行的调查，电视遥控器的平均生产成本约为每台2美元，其中网飞承担了0.8美元，相当于40%的制造成本，但能够让自家的视频服务占领遥控器上的"战略要地"，这其实相当划算。

网飞凭借此举，以超低的价格提高了其在日本市场的知名度。而对于家电制造类企业而言，这个来自互补企业的收费点更是意想不到的惊喜，企业的生产成本再次降低。

网飞使用这套策略之后，亚马逊Prime Video和Hulu等其他视频服务企业也纷纷效法，甘当互补企业的收费用户。因此有些厂商索性把这些视频服务都"搬到"了遥控器[①]上。

相较于遥控器制造成本，从收费用户身上获取的利润绝对更大，最终一部分制造商靠制造遥控器创造了高额的利润。遥控器似乎已经成为一种新型广告平台和收费点，它有效地降低了电视的整体制造成本。

网飞的案例中，电视厂商并未做出积极的努力，而是网飞甘愿成为厂商

---

① 索尼电视遥控器上的视频服务按钮最多。

的付费用户，主动踏出了合作的第一步。但是制造商当然知道，互补企业也可以成为收费用户的道理。目前，家电厂商已经将这种合作发展成了极为普遍的收益来源。

未来，制造商可能会主动采取行动，将互补企业转化为收费用户，并更努力地发现新的收费点。总之，发现收费点的机会将会越来越多（图4.14）。

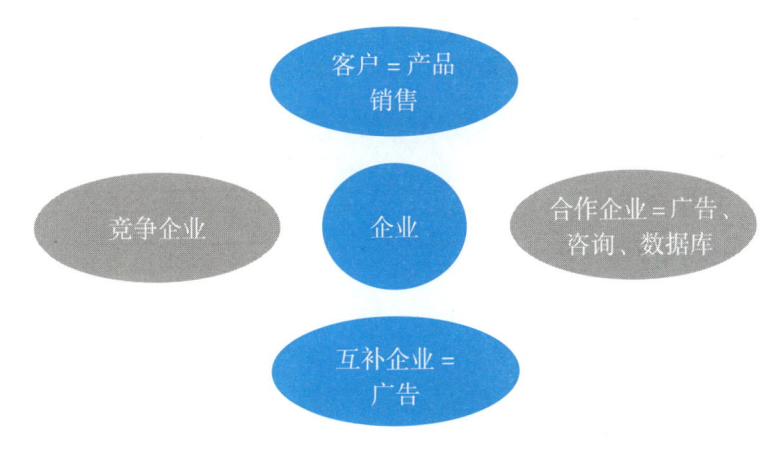

图4.14 将互补企业转化为收费用户

竞争企业

下面我们来谈谈竞争企业。虽然竞争企业之间常常为了争抢顾客而"钩心斗角"。但有时候竞争企业也能成为收费用户。

特斯拉

我们再回顾一下特斯拉的策略。第2章我们谈到了特斯拉通过生产电动汽车，将剩余的碳排放权作为收益来源的策略。这就是最典型的将竞争企业转化为收费用户从而增加自身收费点的例子。

| 盈利 |

特斯拉将碳排放权出售给了FCA（现为STELLANTIS集团[①]）。而STELLANTIS正是特斯拉的竞争对手，他们旗下拥有菲亚特、克莱斯勒、阿尔法罗密欧等多条产品线。

正因为两家企业在终端用户市场是竞争关系，双方的商业模式中才会有互补的因素。制造商之间共同推进原始设备制造就是一个很好的例子。在家电和汽车行业，企业们经常互为收费用户，形成一种互补关系。在这些行业中，把竞争企业转化为收费用户的做法极为普遍（图4.15）。

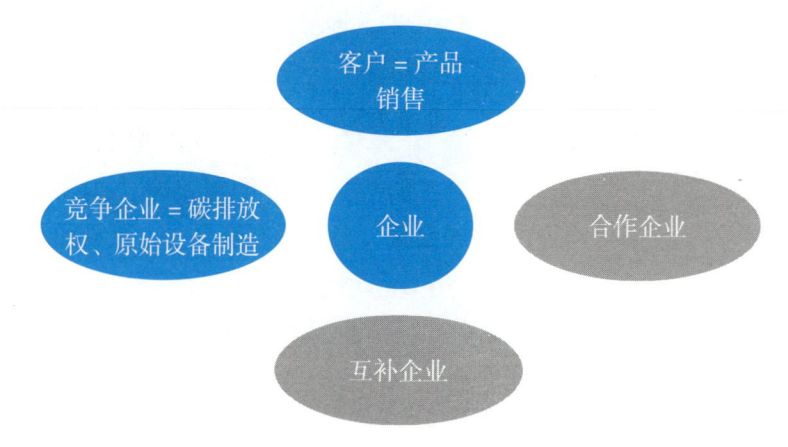

图4.15 将竞争企业转化为收费用户

关键在于我们能不能把竞争企业看作收费用户。一家企业要有"替竞争对手着想"的战略眼光，这样才有可能增加自身的收费点并为企业带来巨大的利润。

收费用户是被普遍认可的收费点

下面我们来看看表4.4，它是对本节提出的所有收费点的一个总结。

[①] STELLANTIS集团是由PSA集团和菲亚特克莱斯勒集团（FCA）以50∶50的股比合并而来的汽车制造商及出行方案提供者。

以下是一些典型的收费点，但如果你现在已经具备了鉴别收费用户的眼光，就一定能发现你的企业还有很多潜在的收费点。或许，随着技术的进步，企业和收费用户之间的关系也会发生改变，你还能发现更多收费点。

表4.4 收费用户及收费点转化例子

利润相关方	收费用户	收费点
客户	关联客户	客户以外的收费、超额收费
	状况优先客户	优惠和优待（优待、超额收费）
客户以外	合作企业	广告、咨询、产品介绍、中介、数据使用、IP
	互补企业	广告费、介绍、授权
	竞争企业	副产品、数据使用

收费时机让你开阔视野

前文我们介绍了收费点和收费用户，下面我们来探讨收费时机的多元化。那么从这个角度来看，我们是不是又能发现新的收费点呢（图4.16）？

图4.16 纵览收费时机，拓展新收费点

购买时机

制造、零售类企业往往在商品销售的同时回收利润。由于这是行业内常年的习惯，因此这类企业并不会过多考虑直接收费以外的其他收费方式。

| 盈利 |

虽然这种收费方式能让制造、零售类企业的收益趋于稳定，但同时有过于单一化的弊端。那么，是否可以把商品销售和向消费者收取费用的时间错开呢？这就是我们所说的收费时机。

收费时机除现买现付外，还可以将销售和支付的时间错开。这样我们或许就能突破产品的束缚，发现更多的收费点了。

了解消费者购买后的情况

当我们了解商品和服务的购买者以及他们购买之后的活动轨迹，并建立起其中的联系后，就能轻松把握收费时机。图4.17所示的"消费者的行为链"恰好能为我们提供帮助。

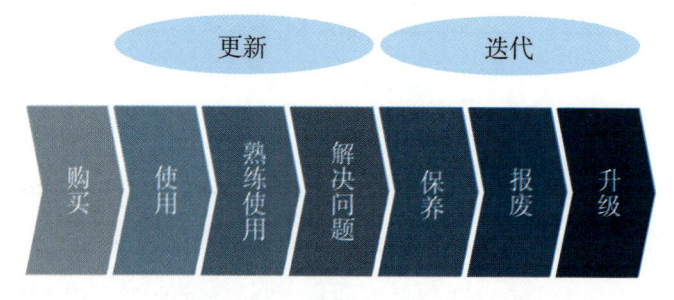

图4.17 消费者的行为链

消费者的行为链详细地展现了消费者购买商品后，如何更新、迭代和消费升级的过程。

消费者并非从一开始就想要购买产品（或体验服务）。而是购买之后才开始真正体验商品和服务给他们带来的便利[1]。

消费者使用商品，从入门到熟悉，随后用商品"解决问题（完成待完成

---

[1] 乍看之下，这张图似乎和用户旅程、服务蓝图没有什么区别。但消费者行为链更清晰地展现了消费者购买产品后的情况。

的工作）[1]"。这一过程便是消费者生活更新的过程，但消费者的活动到此仍未结束。

购买产品也不仅仅为了解决一个问题。即便解决了老问题，还会有新问题或者其他方面的问题出现。因此这些问题都必须在消费者使用产品的过程中解决。

解决问题后，消费者对"升级"的需求就会变高。换言之，消费者开始需要配件、替换件，或者是对设备的管理和维护。

如果用户认为产品经过磨损和消耗，现在已经不能继续使用，就会寻找更便于解决问题的新工具。而这时产品"光荣下岗"，进入被淘汰阶段。产品的使命即宣告完成。

之后，消费者为了让生活更加美好、工作表现更加优越从而选择升级迭代。而从"维护"到"迭代"的过程，也是消费者生活层次提高的过程，即"升级"。

这一系列行动的主体虽然是消费者，同时对于企业而言，他们也能发现产品销售后的收费时机，从而探寻潜在的收费点。

极端地说，制造、零售业企业只关注到消费者购买产品的当时。但是只要能理解收费时机的内涵，你就会发现，消费者购物之后仍旧会有后续的行动，这些后续行动中处处都潜藏着收费点。

改变收费时机，创造新收费点

表4.5向我们展示了消费者购买商品之后出现的新收费点。制造、零售业

---

[1] 这里的英文原文是"Jobs to be done"，在此译者将它译为"待完成的工作"。2022年Clayton Christensen 等人提出了这个创新解决方案，并一举成名。——译者注

133

企业习惯了在消费者购买商品的当时就完成所有收费，今后他们应该重点关注消费者使用商品之后的收费点。

表4.5　由收费时机多元化到收费点多元化

消费者的行动	使用	精通	解决问题	维护	报废	升级
收费点	附加产品					
^	应用					
^	用户社区					
^	协助与服务			咨询		
^	配件 均价服务 按量服务 提前服务	拓展工具	上门服务 维修包 检测维修	报废品处理回收	拓展服务 提供其他商品	

注：表格中的行为都发生在消费者购买商品之后。

制造、零售业企业最主要的收费点往往伴随着消费者购买产品的行为。但事实上消费者购买商品之后仍旧会出现新的收费点。

购买商品之后，消费者还会经历"使用""精通""维护"，直到"报废"，再购买新产品，实现"升级迭代"。而他们的每一个行为其实都潜藏着收费点。

而且消费者的每个行为之中都潜藏着不止一个收费点。只要能从收费时机的角度审时度势，我们就能洞见最完整的收费点版图。

不论是以配件和备选配件为主的"附件商品"，还是与商品搭配使用的"应用程序"，它们都会伴随产品从"使用"到"迭代"的"全生命周期"。这些都是数字时代和消费者密不可分的重要收费点。

"用户社区"也能贯穿产品的全生命周期。所谓社区，就是客户间互相交流的场所。虽然客户并不直接接触企业，但社区却能提供给客户间接的帮助，这对于那些希望尽快用商品解决问题或希望迭代的用户而言十分重要。因此企业更希望自家的用户社区成为一个"粉丝俱乐部"。同时，企业也希望用户社区可以以会员组织的形式为企业保驾护航。换言之，用户社区可能是最大的收费点。

下面让我们看看用户的各项行为。

关于产品的使用，我们在前文已经提到过附属商品、应用程序、社区等概念，除此之外，用户在使用产品的过程中也会选择部分服务。而这些服务业分为多个收费时机。"均价服务""按量服务""预先服务"都有收费的可能。

虽然消费者购买产品的同时，制造、零售业企业已经获取了利润，但如果企业发现了产品被"使用"后的收费点，就有机会让已经付费的收费用户再次消费。对于企业而然，这自然是极为强大的价值获取方式。

企业最希望看到的结果是，用户定期、持续地付费。这种发生在购买商品之后，包括订阅的持续性收入被称为"经常性收入模式"。这方面的内容我们将在第6章探讨。

通过持续使用，用户逐渐"惯用"他们购买的产品，而新的收费点"拓展工具"也随之出现。商家可以向已经熟练使用产品的用户兜售一些有助于提高产品本身功能的辅助工具。

用户使用并熟练掌握产品用法后就能利用产品解决问题。而下一步就是产品维护。比如现场服务、保修服务包和定期检测，类似这样的收费点开始出现。

此外，"协助/负责人对接"在上文提及的几项行为中都发挥着重要作用。协助是指帮用户排忧解难的支持中心和客户服务台。

用户买到产品之后其实还需要做很多事，使用、精通、再用产品解决问题……如果在这一过程中，厂商无法为用户提供帮助，用户就会产生不满情绪，最坏的结果是产品遭到弃用。因此厂商对用户的协助也有利于鼓励用户继续使用产品。虽然利用应用程序可以帮用户自助解决问题，但有时也容易

| 盈利 |

造成更加复杂的问题。

因此商家往往会设置专线，或者投入人力资源[①]。早年间，制造业将这一系列为客户着想的行动称为"服务化"，但近年来随着数字时代的来临，服务化也得到了一次升级，如今它正式的名称应该是"客户成功[②]"。

剩下的两个行动就是"报废"和"升级迭代"了。它们指产品完成了使用，朝下一代产品发展的过程。此时商家应该倾听顾客的烦恼，并劝导用户购买下一代产品。

因此商家会提供咨询服务，并将咨询作为收费点。一般而言，这种产品咨询可以当成一种产品宣传活动，其中也暗藏着盈利的机遇。事实上，服务业经常依靠服务咨询获取利润。

"报废"方面，处理、回收废旧产品也可以成为企业的收费点。这里需要关注的是，用户只有发现当前使用的产品已经和自己的使用水平不匹配时，为了改善生活，提高效率，用户必须让现有的产品"退休"。随后用户实现"升级迭代"，厂商则可以提供拓展服务，向客户推荐自家的新一代产品。这当然也是一个重要的收费点。

特斯拉 Model S的消费者行为链和收费点

前文提到的消费者行为链是如何在企业中体现的呢？请看表4.5。特斯拉Model S是本书的"常客"，那么下面我们就来看看围绕着这款车的消费者行

[①] 这些接触点一般分为几个阶段并提供给客户。而一对多的数字化服务被称为技术性接触，人工服务则属于客户成功（Customer Success），这是一种长期的、科学的、专业化的战略，旨在将客户和公司的可持续收益最大化的高接触，而通过邮件或电话进行远程服务则被称为低接触。

[②] 客户成功（Customer Success）是一种长期的、科学的、专业化的战略，旨在将客户和公司的可持续收益最大化。——译者注

为链，了解一下从开始使用到升级迭代间，还有多少潜在的收费点。

从使用到迭代期间，特斯拉的共同收费点包括备选零件、配件以及用于操纵汽车的手机软件。只要是Model S的车主，就离不开它们。因此它们才如此容易成为企业的收费点。其余的收费点还包括热线电话远程协助服务和汽车系统升级服务等收费点。表4.6是特斯拉Model S的收费点。

下面我们分别来看。"使用"时的收费点包括原厂充电费和其他品牌汽车充电费，"熟练"阶段包括自动驾驶和延长里程的保养服务，同时也包括现场服务、维修包等都是收费点，也确实有客户为这些服务买单。

表4.6 特斯拉Model S的收费点

顾客的行动	使用	精通	解决问题	维护	报废	升级
收费点	备选配件、配件					
^	应用					
^	协助、系统更新				咨询		
^	其他品牌汽车充电 <u>原厂充电</u>	<u>自动驾驶</u> <u>延长里程</u>※ <u>更新</u>		<u>现场服务</u> <u>维修包</u> <u>检测</u>	<u>二手车</u> <u>保修</u>	新车购买优惠

注：1.下划线部分为实际收益来源。
　　2.※曾经是 60kWh Model S的收益来源。

对于完全依赖产品销售收入支撑收益的制造、零售业企业而言，特斯拉的收费点的确令人惊喜。当然，特斯拉之所以能够实现这一切，很大程度上依赖特斯拉的数字化优势。汽车本身的物联网属性以及汽车产业的信息化都与用户关系密切，因此才能发现如此之多的收费点。

但是，并非所有收费点都能成为有操作空间的收益来源。比如特斯拉的完全自动驾驶技术（FSD）性能十分卓越（参考第2章），但究竟是仅仅将其

| 盈利 |

作为一个收费点，还是将收费时机错开，以订阅的形式为用户提供完全自动驾驶服务？两者天差地别。

特斯拉当然选择后者，他们希望获取长期的利润。同时，特斯拉也向其他厂商的电动汽车提供充电服务，这项服务中使用的充电设备仍旧是特斯拉的超级充电站。

特斯拉往往着眼于新的收费用户，寻找新的收费点，同时关注价值获取，为了开辟新的收益来源不惧失败，不断尝试。

制造、零售业企业应该尽快摆脱"产品销售一条路"的固定思维，转而大胆探索新的收费点。

而前文提到的消费者行为链则能给我们很多启示。消费者购买产品以后，还会做出很多行为，如果我们以这些行为为中心，就一定能发现潜藏的收费点。图4.17仅仅是部分案例，我衷心希望各位以消费者行为链为依据，结合用户的各项行为，寻找到适合自家企业的收费点。

列出自家企业的收费点

本章为了让各位读者发现更多收费点，不仅围绕产品本身进行探索，同时引入了收费用户和收费时机的概念。因此我们才能用更宽阔的视野探寻潜在的收费点。

下面我们再次回顾一下这几个观点。

在收益来源方面，我们发现，除了常常作为预设选项的"产品"，还有很多潜在的收费点。在此基础上，我们引入了收费用户的概念。收费用户当然也不仅限于主要客户，转变方向反而能让我们发现更多收费点。在收费时机方面，除了商品提供与收费同时进行，也可以将收费时机安排在消费者购买商品以后，这样我们又能寻找新的收费点了。

表4.7总结了利用拓展概念发现的具有代表性的收费点案例。

表4.7中，每种方法下的16、11、17表示从各角度发现的收费点的数量。虽然笔者仅仅选择了比较有代表性的收费点，但合计起来达到了44个。各位可以将这张表格当成收费点列表随意使用。

表4.7 有代表性的收费点

方法		类别	收费点
当前主要产品角度 16		主要产品 补充产品 补充服务	主要产品 配件、拓展工具、软件、物流、金融服务、保管、保险、保修、咨询、报废、优待、支持、维护、介绍
拓展概念	收费用户11	关联客户 状况优先客户 合作企业 互补企业 竞争企业	客户外收费、超额收费、优惠待遇（优待、超额费用）、广告、咨询、介绍、中介、知识产权、授权、副产品、数据使用
	收费时机17	购买时 购买后 【使用】 【熟练使用】 【解决问题】 【维护】 【报废】 【升级迭代】	— 补充产品、应用（软件）、咨询台（咨询）、社区、协助、咨询台 配件、均价服务、按量收费服务、预先服务 拓展工具 咨询 现场服务、修理包、检测 报废、回收 拓展服务、其他产品推荐

笔者希望各位关注探寻收费点的最早期方式。实际上这里只有七个收费点。蓝色的九个收费点与从收费用户、收费时机角度发现的收费点是重复的。

企业越能为客户着想，就越能发现补充产品和补充服务，相应地，在探索收费点的阶段，我们就会发现针对不同的收费用户设计的收费点，以及根据用户购买产品后的行为而设计出的收费点。会出现重复现象。

收费点重复本身没有任何问题，因为这些重复恰恰证明商家在为客户着

| 盈利 |

想，因此我们反而应该感谢这些"重复"。但是，收费点重复太多就不太符合清单的标准，所以你只要列出所需即可，不要在不重要的项目上浪费时间。

不区分"谁支付""什么时候支付"的收费点即便十分容易判别但也不宜过度深入分析。我们应该用收费用户的概念来判别来自不同支付主体的收费点，而用收费时机的概念来判别不同支付时期的收费点。

从收益来源多样化到获取价值

本章为各位总结了盈利模式创新所需了解的各个收费点。企业拥有的收益来源越多，就证明他们在变革价值获取方式时的自由度越高。因此，为了准确把握各种收益来源，我们必须引入"收费"的概念，并深入挖掘潜在的收益来源，即收费点。此外，借助收费用户和收费时机这两个拓展概念，我们将能够整理出一系列多元化的收费点。

如今我们已经能够预见有希望成为未来收益来源的收费点。下面我们来看看图4.18，它是在图4.1的基础上更新的总体框架。

在下一章中，我们会将这些收益来源有机地结合起来，从而探寻新的价值获取方式。

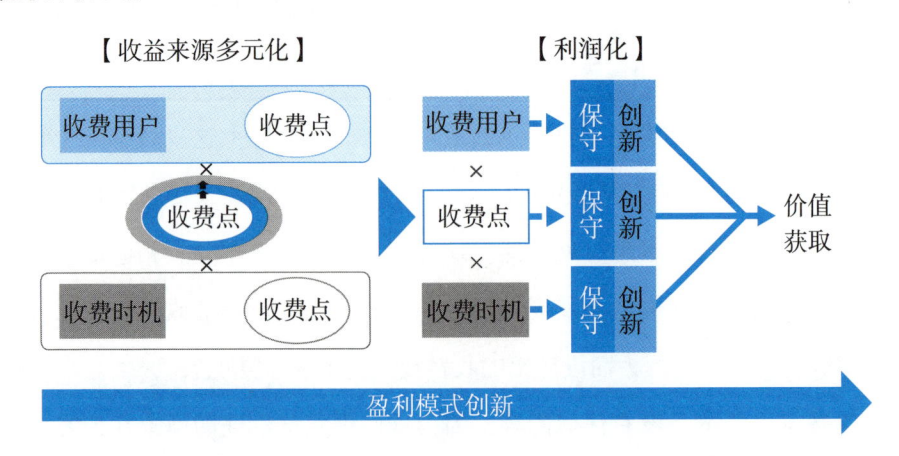

图4.18 从收益来源多元化到探寻新价值获取方式

第5章
转化新价值获取方式的盈利逻辑

要点
- 利润化——从收益来源到价值获取
- 盈利开关——改变价值获取方式
- 八种盈利逻辑

关键词
- 利润化
- 不赚才能赚
- 后赚才是赚
- 利润转换
- 盈利逻辑

当我们将收益来源以收费点的形式确定下来之后，就可以从获取利润的角度，将它们组合起来创造利润。这就是盈利模式创新的最后阶段。

在前一章中，我们共同探寻了主要产品相关的收费点，随后又引入收费用户和收费时机两个拓展概念，随着收费点的增加，我们也逐渐发现了更多的收益来源。本章我们将会探讨如何利用前文总结的各个收费点，发现新的价值获取方式，最终实现"利润化"。

如何获取价值

盈利模式创新，即把现有的价值获取方式转换成新的价值获取方式。那么想要实现这一切，就必须拥有尽可能多的潜在收益来源。因此前一章笔者为各位讲解了"收益来源多元化"，并引入了收费点这一概念，以拓宽各位寻找收益来源的视野。随后笔者还带领各位寻找到不少已经被发现但并未成为收益来源的收费点以及其他一些尚未被发现的收益来源。

图5.1总结了一些价值获取的方式，其中传统的制造、零售业企业以主要产品作为收益来源，行业也会根据企业从这些商品上的获利情况评价企业的盈利能力，如果企业对评价感到满意，即证明这家企业的价值获取是成功的。

这意味着价值创造需要精打细算，核算主要产品和成本结构，从而创造利润，而不是仅仅通过价值获取来创造利润。我们虽然一直在说"价值获取"，但实际上它的作用更多是评估企业的盈利能力，而不是究竟能创造多少利润。

| 盈利 |

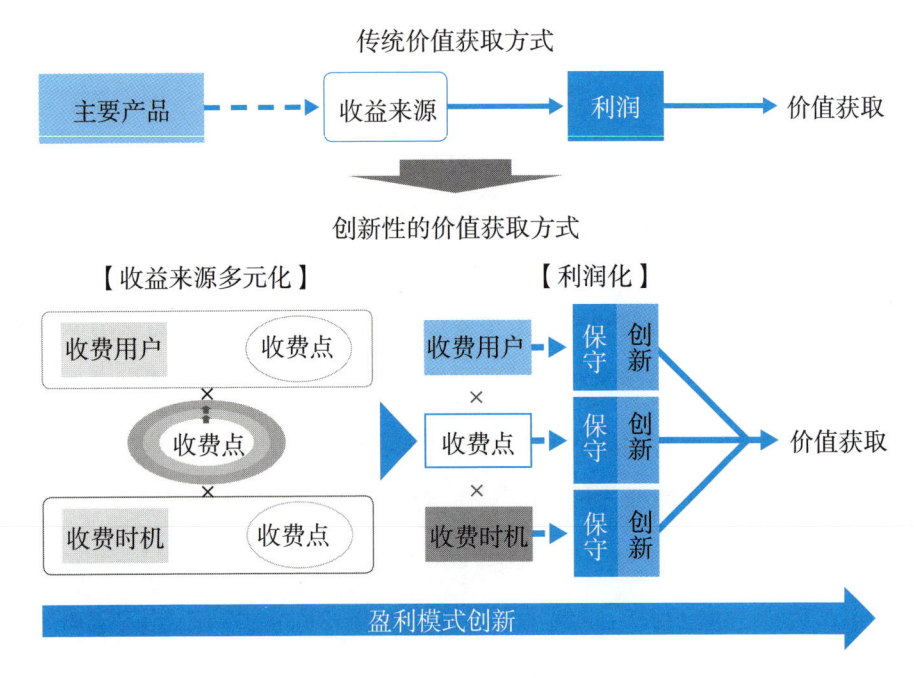

图5.1 价值获取方式的差异

因此不论价值创造模式如何创新，获取利润的方式都不会有太大变化。产品火爆，收益规模就大，随之利润额也会增大，企业收益因此增加。但是，创造利润的方式不变，投资资本回报率（ROIC）和销售利润率也不会有太大变化。

本书探讨的并非"以往的价值获取方式"而是"创新性的价值获取方式"。我们之所以强调盈利模式创新的重要性，因为只有这种创新才能彻底改变企业创造利润的方式。盈利模式创新要求我们发现不同于以往的商业利润创造方式，从而实现彻底变革。

获取价值，创造超越常识的利润

利润化是指获取新价值的过程。它要求制造、零售业企业从前所未有的角度创造利润，并由此形成一种价值获取的思维模式。下面我们来详细介绍。

收益化不是终点

提到"利润化"，你或许马上会联想到"收益化"，并认为二者并无本质区别。但事实上两者千差万别。

一般而言，发现某种收益来源，并通过其产生实际利润的行为可以称为"收益化"。

制造业企业常常使用创新收益化的概念，即研发出创新性的产品，从而获取更多利润的行为。

但是，数字化时代的收益化，往往指将曾免费提供的商品和服务以有偿的形式提供给消费者的行为。尤其是那些希望尽可能多地赚取利润以增加市值的初创公司，他们更欢迎这种形式的收益化。

换句话说，收益化是从收益来源中发现"收益"的活动。刚刚创立的企业需要从零开始创造利润，而一个已经取得一定成绩的企业则需要寻找新的收益来源。

因此，收益化虽然是评价收益的概念，但它还不足以概括价值获取的全部内涵。

收益化，顾名思义，它的目的是由收益来源产生"收益"，即"销售额"。

或许有人会认为，只要搞懂收益化，就能搞懂如何产生利润，但这是不对的。诚然，初创企业常常使用数字技术与用户直接进行交易。对于这些企业来说，收益和利润的差距不大，收益化和创造利润的内涵基本相同。但是制造、零售业企业需要和众多商业伙伴、互补产业相互扶持，因此有些时候虽然企业有收益，却无法转换成利润。

| 盈利 |

相反，如果企业缺乏生产、加工某些产品的技术，生产就会耗费时间，或者干脆外包生产，此时即便产品销售能为企业带来收益，但也可能因为生产成本过高最终导致亏损。

因此，只要企业生产实体产品，就会产生原料费与采购成本，而且这些成本一般都要先行支出，因此如果只关注收益的话就可能判断失误。

图5.2告诉我们，制造业企业不能一味追求"收益化"，而要努力追求"利润化"。如果我们还是过度关注收益，而不考虑这个收费点能否创造利润，也不思考如何实现商业利润，那么就根本谈不上获取价值。

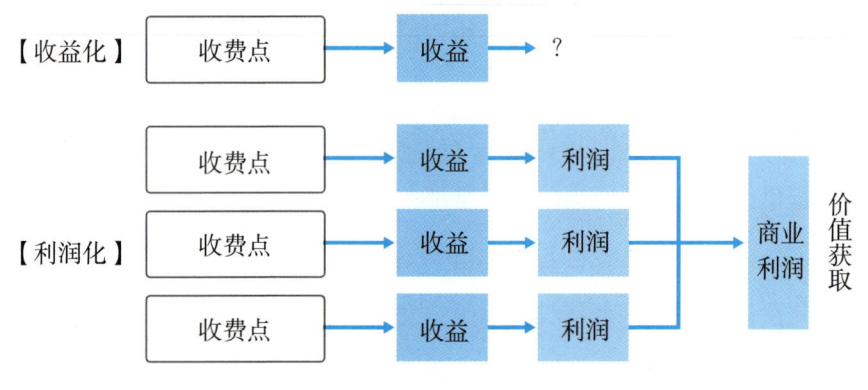

图5.2 制造、零售业企业需要利润化而非单纯收益化

尤其要注意的是，盈利模式创新要以"利润化"为重。想要重新构建起企业的价值获取体系，同时还要用一种前所未有的方式探究以当前的收费点如何创造商业利润。

用"利润化"打破利润的固有观念

如果一家企业想要获得大量商业利润，那么他只要从第4章的表4.5中找到他们比较认可的收费点，然后应用到他们的产品上即可。下面我们"择优录取"利润率高的收费点，并将它们组成我们的"全明星阵容"（图5.3）。

图5.3 只要将赚钱的收费点排列组合就够了吗？

但是这只是数字的堆砌而非合理的组合，根本算不上是全明星阵容，而是一群"乌合之众"，因为没有一定规律的组合是很难创造利润获取价值的。有序地获取价值，这意味着收费点的组合应当更富有战略意义，每套组合都能单独形成一个业务单元而产生商业利润。

比如，即便配件的利润率再高，只要它与主要产品的关联性很低，都算不上一套成功的收费点组合。只有主要产品畅销导致消费者对配件产生需求，企业才能真正获利。这就是单纯的收费点堆积和有秩序地搭配组合之间的差距。

因此单靠增加收费点来提高利润根本算不上盈利模式创新。在盈利模式创新中，利润化的内涵不仅仅是找到利润率高的收费点，并把它加入现有的价值获取体系中，而是为了获取长远的利润，从零开始改变价值获取方式。这才是真正的盈利模式创新。

因此，只要提到价值获取，就要从收益来源角度分析，同时探究各收费点的组合搭配，否则就谈不上创造新的价值。

比如以"产品销售"获取价值的收费点就是"主要产品"。那么，如果我们把主要产品和配件结合起来，就有机会让企业获得尽可能多的商业利润。

如果企业准备以"吉列剃须刀商业模式"盈利，就可以通过较低的利润率或者索性用"赔本"换取主要产品的价格竞争力，再通过搭配高利润率的配件获得商业利润。

这与那些不改变"产品销售"的价值获取方式，且配件利润率与主要产品相同的价值获取方式有着本质上的区别。

以盈利模式创新为目的的利润化，能帮助制造、零售业企业打破产品销售固有思维模式的壁垒，因此意义重大。

这并不是模仿第3章介绍的30种价值获取方式，而是在挖掘企业内部的新价值获取方式。它要求我们根据列出的收费点，再结合现有的收费点，从而创造出最适合自己企业的第31种、第32种乃至更多种价值获取方式。

价值获取——制造商深陷绝境

本书介绍的30种价值获取方式中，其实暗藏着能把制造、零售业企业逼入绝境的"隐形杀手"。那就是"免费增值""对接"和"均价订阅制"。这些都是数字时代下引人注目的价值获取方式，但在其光鲜的外表下却暗藏着对收费点利用方式的最佳启示。

在此，笔者希望从收费点的角度，带领各位看透这三种价值获取方式的本质，进而探讨如何发现前所未有的新价值获取方式。希望各位仔细阅读后文关于这三个收费点的介绍。

不赚才能赚（利用收费点）

正如第3章所言，免费增值服务往往先免费提供，而后随着消费者购买付费产品为企业带来商业利润。

这种模式十分简单易行。因为它只涉及两种收费点。一个是主要产品，即应用程序，而另一个则是能够帮助用户高效使用软件的补充产品，例如体验升级、拓展项目、拓展工具等。

虽然这几样都属于收益来源，但为了让更多人使用，厂商往往免费提供应用程序。所以体验升级和拓展项目则要收取费用。

图5.4为我们展示了这一关系。

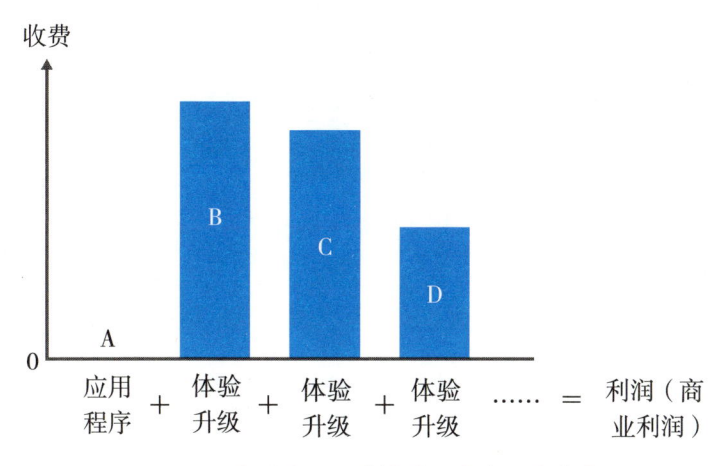

图5.4　明察秋毫：免费增值服务中的收费点

在免费增值服务模式下，应用程序A不会收取任何费用，而体验升级B、C、D则是有偿、可盈利的，而这些也构成了企业最终的商业利润。换言之，虽然主体业务"不赚钱"，但最终却能"赚到"商业利润。"不赚才能赚"，这还真有点禅机。

想要学好这种盈利方式，就必须分清楚到底什么应该免费，什么又应该收费。各位尤其要注意的是，虽然企业为研发核心产品花费了大量研究经费，核心产品是企业辛勤研发的结晶，但有时候也要"忍痛割爱"，免费提供。

图5.5从收费点的角度为我们做了一些整理。"应用程序主体"虽然是主要产品，但厂商会免费提供，而拓展项目等"补充产品"需要收费，属于企业的收益来源。只有用户对补充产品产生兴趣的时候，免费增值服务才开始为企业带来利润。

| 盈利 |

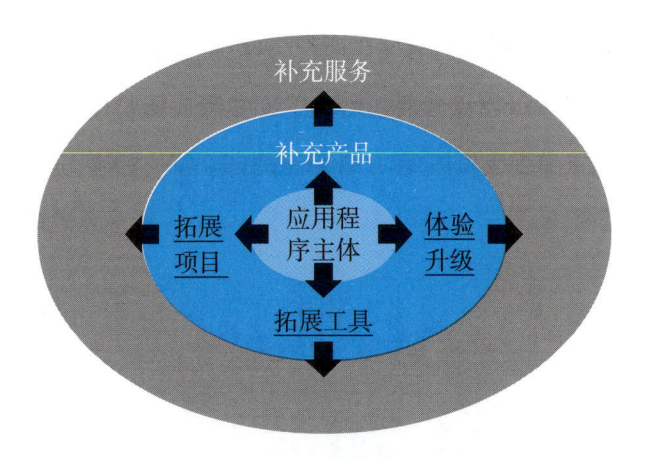

图5.5 增值服务的收费点

注：下划线项目为收益来源。

这种方式在手机游戏上取得了巨大的成功。手机游戏软件免费下载，玩家可以免费玩，但为了获得有利于游戏推进的道具，玩家是愿意消费的。

日本的GREE、DeNA以及GungHo等游戏公司正是通过这个办法实现了价值创造并获得了行业地位。而游戏机主体和软件都要收费的家用机、掌机行业则受到手机游戏市场的巨大影响。任天堂长久以来将营业利润保持在20%左右，但受手游的影响，自2012年3月起任天堂已经连续亏损了3个财年[1]。

从这个意义上说，"免费"就是力量。厂商将主要产品免费送入市场，让用户先体验一段时间，随后在利用早就准备好的收费点获取高额利润。

赚"富人"的钱（收费用户专享活动）

对接也是数字时代极富代表性的价值获取方式，而且它会随着数字化的进程而不断完善。随着数字化平台的完善，对接这种方式被很多公司采用。

---

[1] 这是任天堂上市以来首次出现的经营亏损。加之其同时期发售的Wii U销售低迷，从2012年3月到2014年3月财年，任天堂持续亏损。

所谓对接，即通过协调、对接不同目的的用户来获取商业利润的价值获取方式。

一般说来，如果你开设了一个"市场"，那么买家的参与费（入场费、手续费）和卖家的参与费（展示费、摊位费）都能成为收费点。因此两头收钱并不罕见。房产中介就是典型的"两头收钱"模式，即房东房客签约时都要各自付一份中介费。

但是，得益于数字化平台的进步，我们可以只向一方用户收取费用，而另一方则可以免费享受服务。一言以蔽之，就是"不赚穷人的钱，而要赚'富人'的钱"。

请看图5.6。图片左侧是以出售商品为目的的卖方用户，而右侧则是以购买商品为目的的买方用户。不过商家还需要拥有一定数量的买家和卖家，平台才能得到提升。为了多多吸引买家，平台往往会对买家免费开放，等到交易成功后，再向卖家收取一定费用。

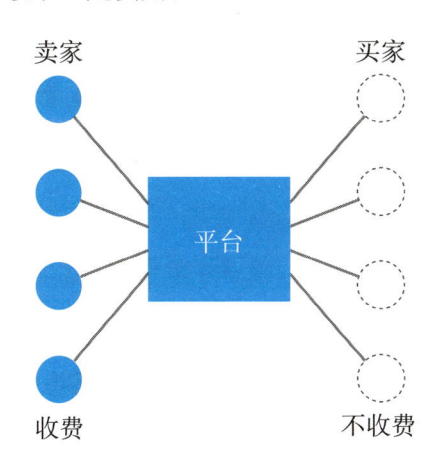

图5.6 看透平台收费点

Mercari就是一个典型的例子。他们不直接向买家收费。交易成功后卖家支付一定佣金，单纯展示则不收取费用。

亚马逊市场为卖方提供销售平台，因此会收取店面费或展示费，同时交易成功后也会收取佣金。但亚马逊不会对买家收取任何费用。

正如第4章所述,商家要分清利益关联方中的收费用户和非收费用户(图5.7)。

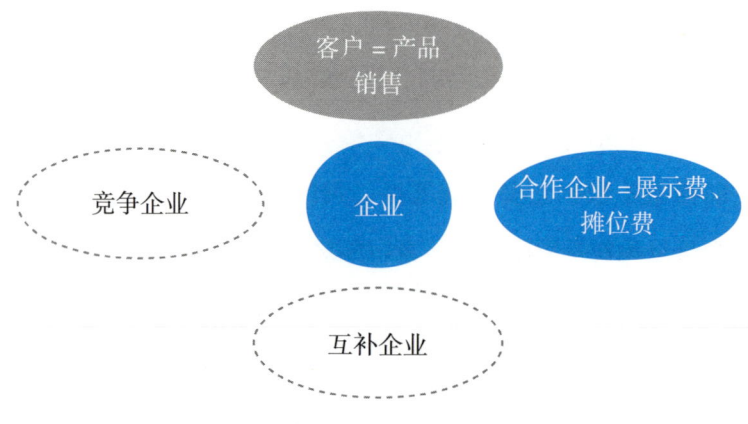

图5.7 无法提供利润的"收费"用户

注:灰色部分的客户其实是无法为企业创造利润的收费用户。
虚线部分是竞争企业和互补企业,他们不属于平台的收费用户。

总之,以对接扩充利润,就需要锁定收费用户,并要贯彻"不向特定人群收费"的方针。"不向终端用户收费"已经被业界普遍接受,而且十分盛行。

后赚才是赚(利用收费时机)

均价订阅制被许多互联网企业广泛应用,也是一种十分成熟的价值获取方式。尤其是那些不限量软件、视频、音频订阅的出现,促成了这一盈利模式的长足发展。均价订阅制最大的特征就是,与买断制相比,它每次只收取很少一部分费用,但好在细水长流,能让企业逐渐收回成本。

图5.8展示了其中的原理。比如一种按月收费的订阅服务,准备用四个付费周期收回成本。那么,等到第五个付费周期企业就开始真正获利了。

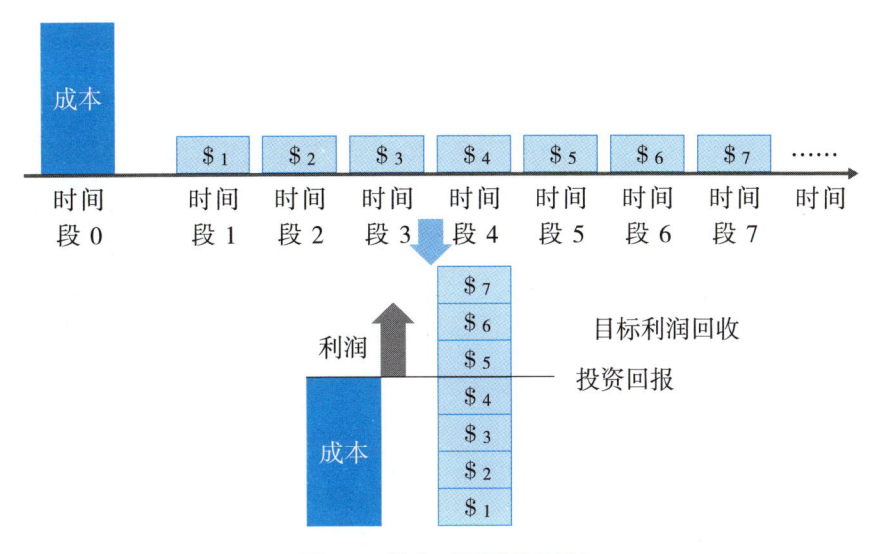

图5.8 花点时间回收利润

相比在出售时即收回了所有成本和利润的产品销售盈利模式，均价订阅制需要企业有一定的"耐心"。另外，只要用户持续缴费，企业就能稳定获利，这正是它优于"产品销售"的地方。

可以说均价订阅制是一种"后赚才是赚"的价值获取方式，而且对于企业而言，它带来的利润是没有上限的，也不存在"断货"一说。第2章介绍的网飞正是通过这种价值获取方式实现了商业利润巨大的飞跃。

从上述内容中，我们能够发现，与"产品销售"即制造类企业最常用的价值获取方式相比，均价订阅制在交易达成时，企业并不能直接收回成本和利润。而企业利用售后的收费点才能积少成多，慢慢回收利润。

如果把均价订阅制的收费点引入消费者行为链中，我们就更容易发现它与产品销售之间的差别。请看图5.9。产品销售以主要产品的售出宣告收费结束，而均价订阅制可以对一个收费点重复收费。

| 盈利

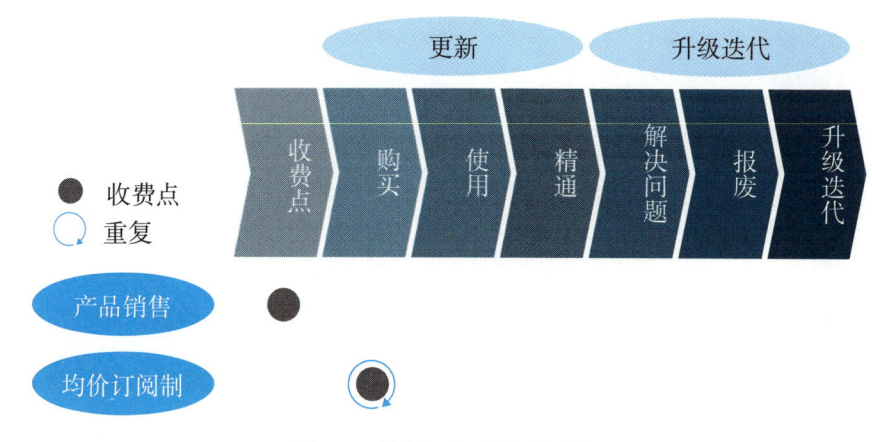

图5.9 均价订阅制的收费点

均价订阅制的优点是用户不必立即支付所有费用，并且可以随时停止使用。换句话说，它是一种随着时间的推移让企业慢慢收回利润的价值获取方式，同时，用户越能坚持长时间付费，企业就能获得越多的利润。

数字化时代价值获取的创新性

在数字时代，这三种价值获取方式可谓风头正劲，在收费点利用方式方面，它们也都独具特色。这不仅仅是整合高利润产品和互补产品来产生利润。如果仍旧不能摆脱产品销售的固有思维，企业就永远不会发现这些新的价值获取方式。

虽然这三种价值获取方式做法极端，但这正是用户需要的。

免费增值不通过主要产品获利，而是靠收费用户为企业带来利润。只有得到用户的支持，企业才能实现最终的盈利。对于企业而言，主要产品无法获利，确实有不小的风险，但因为免费的形式特别适合用户推广，所以企业能获得大批用户的支持，最终企业赢得了商业利润的同时也发现了创新性的价值获取方式。

在对接模式中由一方用户承担全部费用，最终也能获取利润。这是一种大胆舍弃放在眼前的收费点的价值获取方式。企业不向主要客户收取任何费用，只向收费用户收费，因此只能通过吸引更多的免费终端用户，促进买卖双方交易从而获取利润。

均价订阅制并不会通过最重要的主要产品获利，收费点出现在售后（签约后）。把收费时机转移到售后，企业同样要承担风险，但这也为用户提供了方便。因此只要能成功引流，就能获得巨大的利润。

这样看来，数字时代下备受瞩目的价值获取方式与产品销售截然不同。

表5.1展示了商家免费提供主要商品，从而划分出收费用户和免费用户，在此基础上又采用定期收费，将收费时机错开的策略。主要收费点不产生收益，主要收费用户也无须支付费用，企业明明可以当即收费，却甘于延后，以这种方式吸引更多用户。

表5.1 数字时代的价值获取方式创新

方式	收费用户	收费点	收费时机
保守	主要客户	主要产品	直接收费
创新	主要客户免费	主要产品免费	定时收费
价值获取	对接	免费增值	均价订阅制

免费增值、对接以及均价订阅制，这些数字时代下极具代表性的价值获取方式，受到用户的普遍欢迎。这些方法恰恰符合第1章中客户价值最大化的要求。即便客户的支付意愿很低，只要能免费提供或者尽可能低价提供服务，企业也是能够创造客户价值的。

如果分别从收费用户、收费点以及收费时机的角度来审视这三种价值获取方式，我们就会发现，企业获利与否完全取决于用户。而且虽然三种方式足够"创新"，但利润回收的不确定性也很强。

因此，那些习惯通过出售主要产品，直接向主要客户收取费用的制造、零售业企业，往往对价值获取方式持保守态度，因此他们轻易不会"尝鲜"。

从收费点到盈利

前文我们通过能否支付、谁支付、何时支付三个视角审视了数字时代最被业界认可的价值获取方式。下面让我们学习一下如何使用收费用户、收费点和收费时机创造商业利润。

从盈利视角看收费点

前文我们从收费的角度探究了创新性的价值获取方式，但接下来我们要从盈利的视角再次探究其中的原理。下面请看表5.2。

表5.2 从盈利角度看创新性

方式	收费用户	收费点	收费时机
保守	主要客户	主要产品	直接回收利润
创新	优质消费者	优质收费点	定期回收利润
价值获取	对接	免费增值	均价订阅制

从盈利的角度来看，"保守"是为了让企业能够稳定地获得利润。由于收费用户也是主要客户，收费点也是主要产品，所以这样的企业才必须要把收费时机定在销售的瞬间，即直接回收利润。这就是制造、零售业企业惯用的产品销售模式。

另外，所谓"创新性"，其实另有深意。

请看表5.2中间的收费点。代表案例免费增值是一种"不赚才能赚"的价值获取方式，它不通过主要产品获利（表5.2中央）。

如果从利润的角度看，它就意味着发现主要产品以外的"更赚钱的收费点"，并让新收费点和旧收费点（不收费）相结合，从而使企业获取更大的商业利润。它拓宽了我们的视野，只要我们想要扩大商业利润，就会自然而然地想到这种价值获取方式。

收费用户又如何呢？图中的对接模式，往往不会向主要用户收取费用。如果从盈利的角度看，企业就需要找到"愿意付钱的消费者"才能实现最终的商业利润。

在收费时机方面，均价订阅制同样不会直接收费，而是选择定期收费。那么从盈利的角度来看，企业是在定期、持续地回收利润。虽然无法直接确定利润，但只要消费者一直续费，企业甚至有机会获取超乎想象的商业利润。

因此，富有"创新性"的企业不会对用户的支付金额和支付时间做出任何限制，他们的利润回收确实伴随不确定性，但同样道理，他们的利润也是没有上限的。

而"保守"的企业，虽然能较早地确保利润，但由于其商品的价格和提供的数量已经事先决定，因此企业最终获得的利润也是有上限的。所以笔者才要倡导以"创新"的观点发现新的价值获取方式。只有新的价值获取方式，才能让保守的制造、零售业企业的利润化焕发新的活力。

为了实现这一目标，企业高管必须下定决心，由"保守"转向"创新"。

价值获取设计方法——利润转化

上一节我们探讨了收费用户、收费点和收费时机各自的盈利方式，下面我们继续学习如何将这三个维度组合起来为企业获利。

产品销售这种保守的价值获取方式，如表5.2所示，即"通过主要产品，向主要客户收费，直接回收利润"，被制造、零售业企业广泛应用。

那么，盈利模式创新能够让这种陈旧的价值获取方式重生吗？创新价值获取方式就要分析它的收费点、收费用户以及收费时机。下面请看图5.10。

我们可以把表5.2中的"保守"设定为0，把"创新"设定为1。如果把0和1看作一个开关，那么"通过主要产品，向主要客户收费，直接回收利润"

| 盈利 |

就是三个开关全都关闭（0）的状态。

与之相对，创新的盈利模式，就是把开关从关闭状态切换到开启状态，因此收费用户、收费点、收费时机必须有一个或多个是开启状态（1）。这是在盈利模式创新中努力获取新价值的基本逻辑体系。

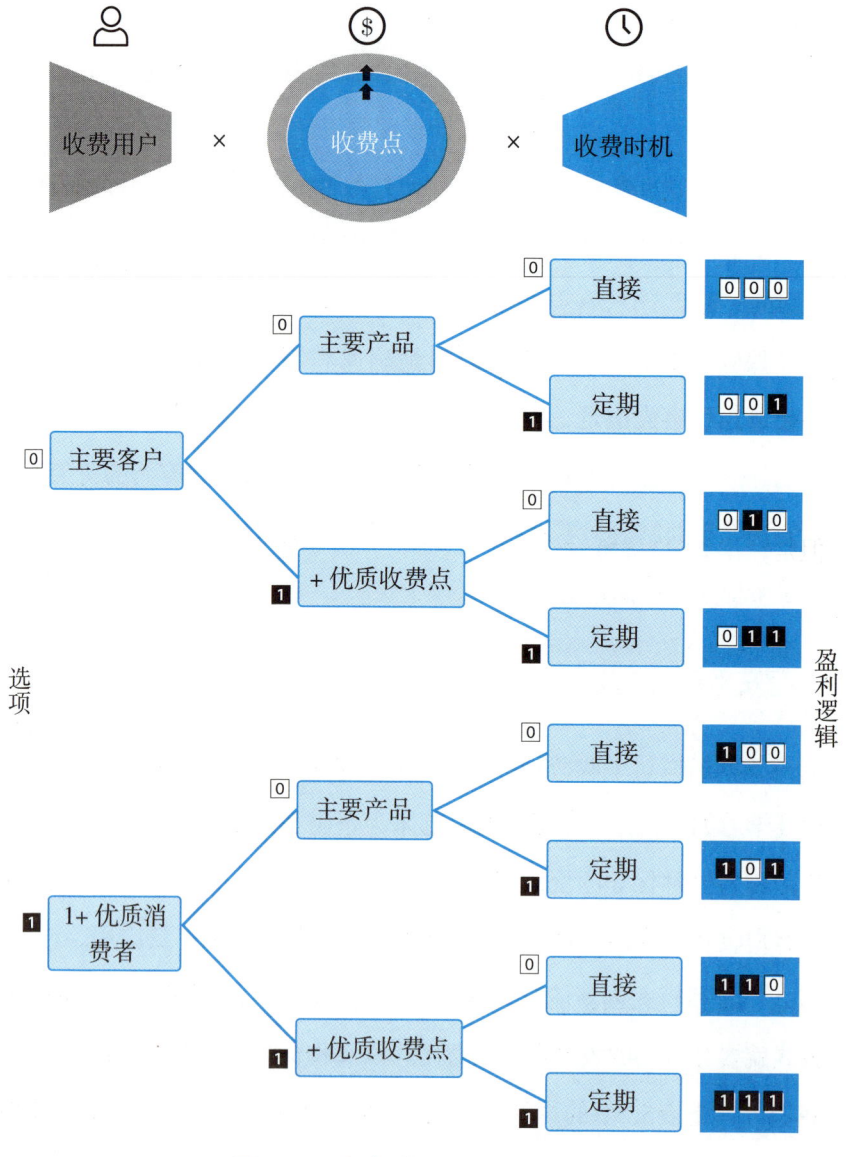

图5.10 追求创新性价值获取方式

制造、零售类企业目前的状态是000，即关闭了所有开关，"通过主要产品，向主要客户收费，直接回收利润"的状态。这就是他们长久以来，规避风险的固有价值获取方式。他们的收费点、收费用户和收费时机都力求保守，而且同行也都大抵如此，这或许就是这些企业心目中的安全价值获取方式吧。

但是，只要打开其中的任何一个开关，企业就能掌握创新性盈利思维。只要打开收费用户的开关，或者是收费点的开关，或者试试收费时机……要么就大胆一回，索性打开两个开关，不，三个全都打开！不论选择如何，打开盈利开关，就是思考新价值获取方式的第一步。

对于制造、零售类企业而言，由于此前开关统统关闭，所以只要打开其中之一，就能把企业往日的价值获取方式转变为有别于行业习惯的全新价值获取方式。创新开关一旦开启，企业就能从截然不同的角度思考如何获取利润。

由0到1的转变并不容易成功，而且是否能获得利润也不确定，因此需要企业富有挑战者的精神，做"第一个吃螃蟹的人"。

但是，正如第1章所言，目前的价值创造方式存在一种莫名的阻力，再保持000模式，就很难创造利润了。正因为价值创造无利可图，才要适时开启盈利开关，企业的价值获取方式亟待转变。

盈利开关催生的盈利逻辑

那么下面就让我们来学习到底如何运用盈利开关获取价值吧！

下面请再看一遍图5.10。盈利开关由收费用户、收费点和收费时机组成。左侧的"选项"涵盖了企业盈利可选的几种价值获取方式。这需要一种将保守状态0（零）和创新状态1（一）相互组合，最终实现盈利的逻辑，而图右侧正是我们需要使用的"盈利逻辑"。

我们在后文中还会详细分析这八种盈利逻辑。

每个逻辑都有一个从000到111的三位数字代码。百位代表收费用户，十

| 盈利 |

位代表收费点，个位代表收费时机。

传统制造、零售业企业的价值获取方式十分保守，相当于000状态（通过主要产品，向主要客户收费，直接回收利润）。如果能打开其中一个开关，把它变成001（通过主要产品，向主要客户收费，定期回收利润），或者把它变成100（通过主要产品，向更优质的客户收费，直接回收利润），无论如何这都是创新的起点。

如果算上000，这套排列组合一共能产生八种盈利逻辑，只要你是以企业的多种收费点为基础，结合收费用户和收费时机的概念进行组合，那么最终形成的价值获取方式都是符合这八种逻辑的。

换言之，即便自家企业的价值获取方式太过单一，或者太过复杂，都能用这些盈利逻辑解释清楚。更进一步说，世间所有的价值获取方式，都能用这套盈利逻辑说明。

下面请看表5.3所示。历史上的商业天才们创造了这30种价值获取方式，而当我们看了右侧的"盈利逻辑"就能发现，其实这些价值获取方式都离不开八种盈利逻辑。

表5.3　以盈利逻辑分析价值获取方式

价值获取方式	概述	盈利逻辑
①产品销售	所有产品都有固定的利润	000
②服务行业的产品销售	服务业加产品销售，双重获利	010
③产品组合	通过组合不同利润率的产品来获取利润	010
④非主打商品	与主打产品一同销售获取更多利润	010
⑤多成分	产品内容相同，但利润时常有变化	010
⑥售前附加服务（保险/分期付款服务）	依靠商品销售时的附加服务费补充利润不足	010
⑦售后附加服务（维护）	依靠售后服务费用补充利润不足	011

续表

价值获取方式	概述	盈利逻辑
⑧服务化	依靠使用产品时的辅助服务获利	011
⑨非主要目标	来自主要目标客户的利润低，其他利润反而高	100
⑩拍卖	通过竞价方式获取高利润	100
⑪动态定价	根据消费者的情况改变价格	100
⑫均价订阅制	每期收取固定数额的使用费，长期获利	001
⑬预付制订阅	预付使用费，率先获取利润	001
⑭按量计费订阅	根据使用量收取使用费，长期获利	001
⑮回头客	如果复购率高，利润也会提高	001
⑯长尾理论	以丰富的产品阵容吸引客户并从畅销产品中获利	011
⑰租赁制	与用户签订短期使用协议，以使用时间获利	001
⑱吉列剃须刀模式	主体利润率低，配套消费品利润率高	011
⑲会员制	会员费收取与核心业务利润相结合	011
⑳免费增值	基本服务免费，附加服务收费，长期获利	011
㉑副产品	向客户以外的消费者提供商业活动产生的副产品补充利润	110
㉒IP	让内容和IP成为企业利润的支柱	111
㉓收费项目	除了客户，竞争对手和合作伙伴也会支付服务费	111
㉔优先级	优先使用权也可以成为重要的利润支柱	100
㉕三方市场	广告主的广告费成为重要的利润支柱	110
㉖对接	为提供者和使用者搭建沟通的桥梁	110
㉗推广大使	向介绍人大幅度减免费用，通过招揽、培养潜在客户创造利润	101
㉘斯诺勃效应	标新立异者会愿意接受更高的价格	100
㉙特许经营	将许可权作为利润支柱	111
㉚数据访问	把访问数据的权利转化为利润	111

| 盈利 |

比如来自主要目标客户的利润低，其他利润反而高的"⑨非主要目标"，就是将收费点做了微调，从000模式转为100模式，即符合"通过主要产品，寻找更加优质的消费者，直接回收利润"的盈利逻辑。

而表5.4中，八种盈利逻辑仍旧与30种价值获取方式完美契合。不难发现，图表中的八种盈利逻辑和30种价值获取方式互相搭配，一个不多一个不少。

表5.4 以盈利逻辑创造新价值获取方式

盈利逻辑	概述	价值获取方式
000	通过主要产品，向主要客户收费，直接回收利润	①产品销售
001	通过主要产品，向主要客户收费，定期回收利润	⑫均价订阅制 ⑬预付制订阅 ⑭按量计费订阅 ⑮回头客 ⑰租赁制
010	寻找更优质的收费点，向主要客户收费，直接回收利润	②服务行业的产品销售 ③产品组合 ④非主打商品 ⑤多成分 ⑥售前附加服务（保险/分期付款服务）
011	寻找更优质的收费点，向主要客户收费，定期回收利润	⑦售后附加服务（维护） ⑧服务化 ⑯长尾理论 ⑱吉列剃须刀模式 ⑲会员制 ⑳免费增值
100	通过主要产品，寻找更优质的消费者，直接回收利润	⑨非主要目标 ⑩拍卖 ⑪动态定价 ㉔优先级 ㉘斯诺勃效应
101	通过主要产品，寻找更优质的消费者，定期回收利润	㉗推广大使

续表

盈利逻辑	概述	价值获取方式
110	寻找更优质的消费者，同时寻找更优质的收费点，直接回收利润	㉑副产品 ㉕三方市场 ㉖对接
111	寻找更优质的收费点，同时寻找更优质的消费者，定期回收利润	㉒IP ㉓收费项目 ㉙特许经营 ㉚数据访问

比如"③产品组合"就符合010模式，即"寻找更加优质的收费点，向主要客户收费，直接回收利润"的盈利逻辑。

另外，本章介绍几个创新性的价值获取方式："⑳免费增值"属于011模式，即"寻找更加优质的收费点，向主要客户收费，定期回收利润"的盈利逻辑；"⑳免费增值"属于110模式，即"寻找更加优质的收费点，向主要客户收费，定期回收利润"的盈利逻辑；"⑫均价订阅制"属于001模式，即"通过主要产品，向主要客户收费，定期回收利润"的盈利逻辑。

除了目前发现的30种价值获取方式，今后肯定还有更多新的价值获取方式出现，但请相信，不论有再多新方式，都完全符合我们介绍的这八种盈利逻辑。

以利润转化促进价值获取的变革

正如前文所述，价值获取的目的是利润化，而不论是哪种价值获取方式都符合八种盈利逻辑。

那么常年靠产品销售的000模式获利的企业，又要如何通过盈利开关，将自己调整成001、111模式呢？到底要触动哪个盈利开关才能实现转变呢？并且，转变的过程中又有什么是必须关注的呢？下面由笔者为各位一一讲解。

| 盈利 |

001——花时间和费时间

001模式只对最后一部分进行创新，即只对收费时机进行创新的盈利逻辑。

虽然只有一部分实现了由0到1的转变，但改变收费时机也不是那么简单的。因为收费时机一旦改变，就意味着利润回收的立场以及与客户的交流方式都要发生变化。

000模式下，产品销售后即宣告利润回收完成，但是001模式则是依靠销售后才会出现的收费点回收利润，因此商家一定要注意维护用户。

比如，靠销售软件获利的000模式企业，如果改变收费时机，就可以采用001盈利逻辑。但是，销售主要产品之后，就不能带着"反正他买了，之后就随便吧"的思想，一旦有这种想法，就会失去客户。不信你看下个月客户还会不会再支付订阅费。

尤其希望各位注意的是，如果你使用"⑫均价订阅制""⑭按量计费订阅"这两种价值获取方式的话，就一定不能总带着"钱货两清"的老思想。企业到底能不能回收利润，这要看客户的"心情"。如果客户解约，企业就无法回收成本，更何谈回收利润？

改变收费时机，与其他盈利逻辑相比，算是一种简单的盈利模式创新形式。因此它也是许多制造、零售业企业首选的新型价值获取方式，虽然那么多企业都想抓住这根"救命稻草"，但真正成功的企业并不多。

定期回收利润的价值获取方式对于常年习惯直接回收利润的企业而言，其难度超乎想象。定期回收利润绝不是无所用心也能财源广进的神话。从直接回收利润的舒适区，勇敢闯入定期回收利润的新环境，这需要企业能够长期和客户保持良好的关系。如果企业没有和客户打交道的能力，或者根本没有这个意识，那么这条盈利逻辑是行不通的。

010——"得失"的故事

010模式即不仅仅通过主要产品获利，而要继续寻找"更优质的收费点"，再将其与老收费点进行组合从而创造利润的价值获取方式。

听起来这似乎是将销售主要产品的000模式与利润更高的收费点单纯组合叠加。

实则不然。企业在选择这种价值获取方式时，就必须改变企业自身商业利润的获取模式。因为他们早已意识到，只是在000的基础上加上一个新的收费点就能轻松提高利润，这样的想法过于天真。为了提高商业利润，确实需要引入新收费点，但同时企业必须保证消费者会对这个新收费点百分百"买账"。

而且想要保证客户大概率购买"优质收费点"的产品，就要同时保证主要产品和新收费点产品都能被客户认可。当然，我们不能强制购买，所以必须摸透客户的心思，给客户一个购买的理由。

为了配合这种价值获取方式，就要从零开始设计销售策略以及展示方法。010模式最重要的议题是发现有吸引力的收费点之间的关联性，并将之有机地结合起来。

等到我们形成了一套策略之后，就要进一步思考战略布局，可以试着将主要产品降价，或者干脆再搭配一个完全没有收益的收费点。我们应该善用主要产品和"优质收费点"的利润高低差，把主要产品当成一种招揽客户的手段。这样企业的商业利润才会大幅提高。类似"④非主打产品"和"⑤多成分"则是有意利用这一逻辑实现利润化的价值获取方式。

但不论形式如何，010模式都需要利用利润率的差异，因此我们最需要的是打造产品或服务的魅力，让客户主动购买。

|盈利|

011——先考虑现金支出

011模式，即"寻找更优质的收费点，向主要客户收费，定期回收利润"的盈利逻辑。这也是一种定期回收利润的价值获取方式，我们既要大胆寻找"优质收费点"与老收费点组合，又不能同时提供两种收费点。

制造业企业如果想要使用011模式，首先要实践010盈利逻辑，在销售主要产品的同时，再发掘出充满魅力、客户愿意接受的新收费点。随后，根据客户情况以及发展需求，合理地依次改变主要产品以外的产品或服务的收费时机。

使用这种盈利逻辑，需要我们彻底分析客户情况，要了解他们的使用场景和需要解决的问题。如果产品能够配合客户的使用场景并能切实地解决客户的困难，那么即便企业选择定期回收利润，只要收费点能够让客户长期"买账"，企业就能如期获得商业利润。

另外，011模式和010模式都需要企业有意扩大主要产品和"优质收费点"的差距，只有这样才能大规模推广。此时最有效的方式并非单纯压低主要产品的利润率，还可以将主要产品毛利率降低至零，再极端一些还可以把主要产品的收益（收费额）降低至零。"⑱吉列剃须刀模式"和"⑳免费增值"就是其中的代表。

而互联网企业就有条件使用这种将主要产品的利润率极度压缩的方式。互联网企业的很多业务几乎不存在边际成本，因此可以比较轻松地牺牲主要产品的利润，使用011模式获得盈利。

另外，由于制造业企业直接制造产品，比零售业企业更早地支出现金，因此只要没有收益，企业就会亏损，而且成本越高的产品往往会造成更大的亏损。一旦企业断定处境危险，就要考虑将毛利降为零，尽可能回收成本。这就会导致主要产品完全无法产生利润，必须让客户对其他的收费点买单。

企业最终要在保障有利可图的收费点的同时，想方设法地与客户搞好关系。

011模式是否能够实现，主要是看"不能带来利润的收益来源对用户的吸引力究竟有多大"。000模式的企业自然不可能一步登天，但也能从010、001盈利逻辑开始逐步尝试。一旦企业的新价值获取方式得到回报，就应该马不停蹄地进行下一阶段的尝试，这反而是最简单的做法。

100——服务对象和获利对象是否可以分割

100模式只开启收费用户的盈利开关，即"通过主要产品，寻找更优质的消费者，直接回收利润"的盈利逻辑。企业在主要客户的基础上又加入了更优质的收费用户，将两者结合起来，进而获取商业利润。

100模式保持同一种主要产品，但需要寻找更加优质的收费用户，因此企业需要确保新的收费用户能够支付更多费用。简单说来，即不同收费用户对目前的主要产品支付的费用各不相同。

这里需要注意关联客户和状况优先顾客之类的特殊顾客（请参考第4章）。企业需要结合企业自身的情况，思考一个问题：除了主要客户，是否还存在其他的收费用户？说不定就会有惊人的发现。

一旦打好100模式的基础，为了扩大使用规模，提高商业利润，我们需要尽可能以低价的形式，向主要客户提供主要产品。企业只有放弃从主要客户身上获取利润，才能引发关注，同时企业也会获得更多愿意支付更高费用的优质收费用户，从而获取商业利润。而"非主要目标"和"⑪动态定价"正是这种价值获取方式的代表。

不论何种方式，只要想提高商业利润，就都要考虑主要客户与其余收费用户的关联性，并据此设计盈利机制。

| 盈利 |

101——长期的收费用户

101模式即"通过主要产品，寻找更优质的消费者，定期回收利润"的盈利逻辑。收费用户和收费时机的开关同时开启。

101模式首先要求企业提供主要产品，在维护主要客户的同时，吸引更加优质的客户。随后再思考是否可以定期回收利润。从客户使用产品到解决问题期间，应该会存在多个定期回收利润的着力点，但此时一定要注意如何与消费者建立关联性。

101模式是在001模式的基础上，加上"定期回收利润"的条件，同时开启收费用户开关而形成的盈利逻辑。收费用户到底是0还是1，差距确实不小，但我们更要注意的是，101模式的特点在于，老客户会把自己的体验和产品的特点分享给他人，从而为企业带来更加优质的新客户。比如状况优先客户虽然不属于主要客户，却能为企业带来更多利润的收费用户。企业应当利用这一优势获取商业利润。

101模式下的价值获取方式一旦成型，企业就要开始尽量吸引更多客户，从而扩大交易规模，提高商业利润。为此，企业应当降低主要客户的利润。接下来就要把主要客户与其他收费用户的利润率差距继续扩大，在清晰划分不同收费标准的同时创造商业利润。

在企业客户当中，是否有类似监控器和传道者的存在？如果真的有，就请你把他们当作不为企业提供利润的主要客户吧。只要积极运用主要产品，就能逐渐积累信誉，从而吸引新用户。随后更加优质的客户也会成为企业的收费用户。通过这一系列的操作，企业才能实现定期回收利润的目标。

110——收费用户的参差

110模式即"寻找更优质的收费点，同时寻找更优质的消费者，直接回收利润",也可以说这是一种收费用户与收费点多元化的盈利逻辑。此前我们接触到的盈利逻辑,主要是寻找更优质的收费用户或者收费点,而110模式则需要同时满足这两个条件。

但正因为这样,此模式下的价值获取其实相当简单。毕竟110模式还是向主要客户提供主要产品,只是在此基础上,向"优质消费者"提供"优质收费点"而已。

因为有了主要产品和主要客户,我们才能在此基础上发掘"优质消费者"和"优质收费点"。最有代表性的是"㉕三方市场"。许多用户(主要客户)使用同一个平台(主要产品),同时又有一群希望利用这个平台的广告商(优质消费者),为了在平台上发布广告(优质收费点)向商家支付费用。正因为商家免费提供主要产品,才能实现这种盈利模式。商家首先创造了一个活跃客户众多的市场,然后才能引流优质收费用户"入局"。

这种方式其实很早就已经出现了,比如Recruit[①](Recruit Holdings Co.)的丝带模式以及房地产业的普遍经营模式。它们的主要客户一般是求职的学生或者准备租赁房屋的人。商家不会对这些客户收费,而是向"优质收费用户",即用人单位和房主收费,从而实现商业利润。

随着数字化的发展,这种方式逐渐被更多人接受。受益于110模式,有些平台的规模已经发展得十分巨大。商家虽然不会对一方客户收取费用,但若是完成对接,就会对另一方客户收取费用。商家对无法产生收益的用户提供免费服务,这就是平台之所以能够吸引众多客户的原因。若能获得消费者的支持,平台发展成一种类似"基础设施"的存在,则有望实现巨大的商业突破。

110模式同样适合制造、零售业企业。比如拥有销售数据的B2C制造类

---

① 日本知名招聘网站。——译者注

企业，其可以把数据提供给合作企业。看似不太可能的交易，有时却意外顺利。有很多企业都在努力提高自己的商业利润，他们正在寻找主要客户以外的新客户以及主要产品以外的收费点。

但想要实现获利，还需要具备不少条件，那就是与主要客户建立联系。与其通过直销降低价格，不如通过D2C（Direct to Consumer）的形式，直接和客户建立联系，同时不断积累数据，再寻找需要使用这些数据的"优质收费用户"。

111——用户黏性就是"没它不行"

111模式需要开启收费用户、收费点和收费时机三个盈利开关。它是一种"寻找更优质的收费点，同时寻找更优质的消费者，定期回收利润"的盈利逻辑。与110模式相比，111模式下，交易成功并不能让企业回收利润，而是要定期慢慢回收利润。换言之，就是将110模式作为111模式的前提条件。

虽然定期回收利润，但其实也有很多交易期间以外的收费点，因此完全可以实现多元化收费。如果能够实现111模式，利润自然是无穷无尽的。

111模式的关键在于主要产品对于主要客户来说，拥有足够的吸引力。主要产品如果能够俘获足够多的客户，那么"优质消费者"也会持续为"优质收费点"买单。

事实上，谷歌已经在定期回收利润的平台上充分布局，他们对收费用户也会采用不同的收费标准，提供不同形式的服务。谷歌还会为主要客户以及优质消费者发现、识别、积累问题，同时提供解决方案，从而和客户建立长期合作关系。

因此，使用111模式时，可以运用"平台"积累客户往来的信息，并及时更新才更为有效。制造、零售业企业想要迅速实践这种盈利逻辑，其实十分困难。但另一方面，这些企业也可能会产生从000起步的飞跃性创新思路。

开始价值获取创新

本章我们以收益来源多元化视角下的收费点为基础，探究了创新性的价值获取方式，以及实现利润化的方法。首先笔者向各位介绍了盈利开关，进而讲解了盈利逻辑的内涵。

通过收费用户、收费点与收费时机的创新性组合，最终我们一定能实现盈利模式创新。因此，一旦我们清楚地看到了企业所追求的价值获取方式，便能立即着手实践。

此时，作为制造、零售类企业，最该实践的盈利逻辑应该是001模式。其中最有代表性的价值获取方式就是订阅制。

但是，很多企业太过依赖订阅制，反而颗粒无收怨声载道。为什么会失败？怎么做才能成功？下一章，我们将从价值获取的角度详细介绍订阅制和与其相关的经常性收入模式。

第6章
日本企业的"订阅制"

> **要点**
>
> ◆ 你的"订阅"真的满足一般订阅的标准吗?
> ◆ 订阅制概念下的经常性收入是什么?
> ◆ 为什么只改变价值获取方式无法让企业获利?

> **关键词**
>
> ◆ 订阅制
> ◆ 免费增值
> ◆ 经常性收入模式
> ◆ 灰色地带
> ◆ 担保

上一章，笔者为各位介绍了八种盈利逻辑。其中制造、零售业企业最容易尝试的是001模式。而在001模式下，最具代表性的价值获取方式则是订阅制。

2008年，订阅制模式异军突起，这种模式为积极创造价值却难以创造利润的制造业带来了一举提高利润的希望。由于订阅制能让企业定期获得利润，所以很多企业把它当成了扭亏为盈的救星。

但是制造、零售业企业进行订阅制探索远没有想象得那么容易。正如上一章所述，订阅制只是将盈利开关从000模式调整到001模式而已，即只改变了收费时机，因此很多人以为这样的盈利模式创新实在过于简单。但实际上他们大错特错。制造类企业自创立以来，就习惯靠产品销售获利，想要实现价值获取的转型，需要企业彻底改变思路。

下面我们从价值获取的角度来了解一下，为什么制造、零售业企业无法成功引进订阅制，无法成功实现转型。另外，笔者还将说明为什么有些企业利用订阅制能够获取丰厚的利润，而另一些企业却不能如法炮制。最后将以经常性收入的角度探讨除了订阅制，还有哪些行之有效的价值获取方式。

备受制造业、零售业误解的"订阅制"

2015年苹果音乐（Apple Music）和网飞开始进入日本。他们以低廉的月费和无限制使用的方式提供音乐和视频，瞬间俘获了当代年轻人的心，并掀起一股热潮。

这类服务使用的价值获取方式就是订阅制。

我们常常以为订阅制就是"连续缴费"和"均价付费"，但这其实和这个词的本义稍有偏离。订阅制远非企业自动且连续获取利润的机制。

订阅制代表预购和续购，因此它的主语是用户。交易是否能够持续，完全要看用户的想法。

订阅制很早以前就以报纸、杂志等期刊订阅的形式存在。其中尤以报刊订阅的历史为最久。在1609年的斯特拉斯堡和1620年的维也纳都出现了报纸，且当时的报刊每周出版一次。

另外通勤电车月票、牛奶配送服务等定期购买形式的历史也十分久远。它们都符合英语中"订阅制"的含义，即"旧式订阅"。旧式订阅往往以"预付制订阅"的形式获取价值。如果客户想要享受折扣，就要预先付款、提前续费。同时，这样也省去了每次单独购买的麻烦。

但近几年"新式订阅"则如雨后春笋，实现了飞跃性的发展。虽然从"用户定期付费，连续使用"的观点看，新旧两种形式几乎完全相同，新式订阅的不同之处在于它通过与数字产品结合而取得成功，最重要的是这种订阅形式允许用户"无限使用"产品。

新型订阅允许用户每月或每年支付一定费用，就能享受服务。换言之，这种订阅制属于"均价订阅制"的价值获取方式。

近年的订阅风潮中，最受欢迎的主要就是这种支持无限使用的均价订阅制。如今它已经超越了数字产品的领域，进入传统制造、零售业与服务业。

但是，被制造、零售业企业最广泛应用的均价订阅制，其实并不满足新型订阅制的条件。下面笔者将为各位一一解释，同时笔者也会与各位探讨企业该如何利用这种价值获取方式。

均价订阅制的特征

均价订阅制与以往的价值获取方式有何不同之处？问题的关键在于"经

常性收入模式"。下面笔者就来为各位解释，为什么均价订阅制是一种特殊的经常性收入模式。

均价订阅制其实是一种经常性收入

由于音乐和视频都属于数字产品，因此这方面的均价订阅便于随时取消，且常以无限使用的包月形式推广。之所以这种形式能够流行起来，主要是因为它让用户感到"轻松"且"实惠"。

另一方面，均价订阅制对于企业而言，可以持续获得利润。而这种持续获得利润的价值获取方式，也可以叫作"经常性收入模式"，即"销售后仍能让企业获取利润的价值获取方式"。

均价订阅制是经常性收入模式的一种。除此之外还有"回头客""吉列剃须刀"和"租赁制"等传统的经常性收入模式。如果我们以经常性收入的角度重新分析，就能更清楚地理解均价订阅制的特征。

在探讨经常性收入时，我们可以分别从企业和用户使用这种形式的优缺点来看透其本质。

其实，早在经常性收入一词出现之前，人们就开始利用回头客、吉列剃须刀、租赁制这三种获得持续性的收益。之所以这种方式能够沿用至今，且能成为企业运行的重要课题，主要是因为它对企业和用户都有好处。用户获得了高性价比的服务，而企业也获得了收益。

下面，我们先根据三种传统价值获取方式来了解一下经常性收入的特征，之后我们再来探究订阅制。

经常性收入

我们可以通过两个视角剖析经常性收入模式，即"持续使用约束力"和"利润回收时间"。

| 盈利 |

"持续使用约束力"即用户续约时使用协议等法律因素对用户造成的阻力，以及用户选择解约时的心理因素对用户造成的阻力（图6.1）。

```
[回头客] ── [吉列剃须刀商业模式] ── [租赁制] → 持续使用约束力
```

图6.1　持续使用约束力大小

而回头客、吉列剃须刀、租赁制三种经常性收入模式中租赁的持续使用约束力最高。持续使用约束力越小，用户越容易解约，因此用户心态也相对"轻松"。

相反，持续使用约束力越大，用户越不会轻易选择解约，因此也会产生"心理负担"。用户自然更喜欢持续使用约束力小一些的订阅类型。而对于企业来说，持续使用约束力越高，越容易实现持续性收益。

回头客的持续使用约束力最低。因为他们对企业没有任何义务，用户只是自由地持续购买商家的产品而已。反正产品早晚会卖光，哪怕用户"变心"，用户选择购买其他品牌的商品，也无可厚非。

租赁制对用户的持续使用约束力最高。因为租赁协议完全拥有法律效力。用户几乎不可能中途放弃，也不能任意改变租赁标的。

吉列剃须刀模式的持续使用约束力处于中间位置。虽然配件的购买时机完全由用户个人决定，但由于用户已经购买了主体产品，所以接下来只能购买与之配套的专用配件。换言之，他们比完全自由决定的"回头客"多了一份精神约束力。虽然没有法律条文约束，但既然买下主体产品，用户就一定会想方设法追回沉没成本。

下面我们来看看"利润回收时间（图6.2）"。"利润回收时间"与用户支付费用时的负担感直接相关。

回头客 — 吉列剃须刀商业模式 — 租赁制 → 利润回收时间

图6.2　利润回收时间长短

企业选择延长回收利润的时间，对于用户而言每次支付的负担相对降低，因此才会让他们感到"实惠"。相反，企业如果想要尽早回收利润，对于用户而言，每次付费的负担就会加重。

对于企业而言，回收利润的时间越短越好，但对于用户而言，他们总希望企业尽量慢慢回收利润。

回头客模式回收利润的时间最短。因为其盈利设计的前提就是消费者复购，企业持续获得利润，每次销售出产品都能回收一次利润。

而租赁制回收利润的时间最长。企业在保持租赁标的所有权的前提下将其租赁给客户。由于企业承担了所有的初始成本，所以需要很长时间才能将成本完全回收，短则几年，长则数十年。

吉列剃须刀商业模式虽然也需要延长回收利润的时间，但耗时不如租赁制长。它的利润回收时间处于回头客与租赁制的中间，需要商家在出售薄利多销的主体产品同时，通过高利润率的配件回收利润。

综上所述，我们已经通过"持续使用约束力的大小"以及"利润回收时间长短"的角度，了解了回头客、吉列剃须刀以及租赁制三种模式之间的差距。下面请看图6.3所展示的经常性收入。

三种经常性收入模式组成两个坐标轴上的对角线。如今这三种成熟的经常性收入模式既能让企业获利，又能让用户接受，实在难得。

因此，可以说这几种模式已经权衡了利润回收时间的长短以及持续使用约束力的大小。换句话说，各种模式的连线，就是最均衡的经常性收入边界线。

| 盈利 |

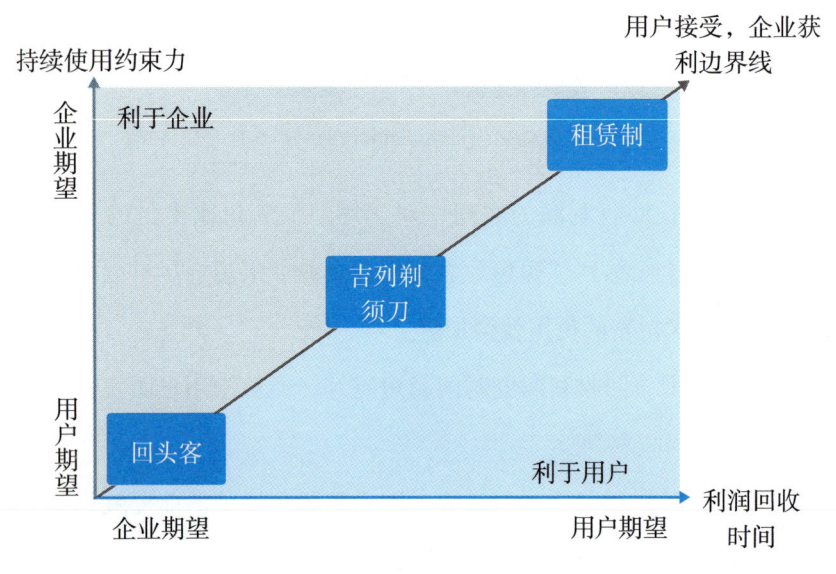

图6.3 经常性收入

这条边界线同时体现了用户的兴趣和企业的利润诉求。因此，这条线的上方对企业有利，而下方则对用户有利。

均价订阅制的特征

这张经常性收入图（图6.4）似乎为我们解释了为什么均价订阅制如此受人欢迎。均价订阅制与传统的经常性收入模式相比，其优势在于对用户更加有利。

如果我们将图6.4中位置相近的租赁制和吉列剃须刀模式进行比较的话，就更能发现均价订阅制的魅力。租赁制在利润回收时长方面和均价订阅制相同，但约束力却完全不一样。长期付款首先会增加无法收回的风险，租赁则会以法律形式或用户协议约束客户，时长为三年、五年甚至更多年。另外，均价订阅制的约束力顶多持续一年，协约时间一过用户可以轻松解约。均价订阅制让人感觉更加"轻松"，因而更有利于用户。

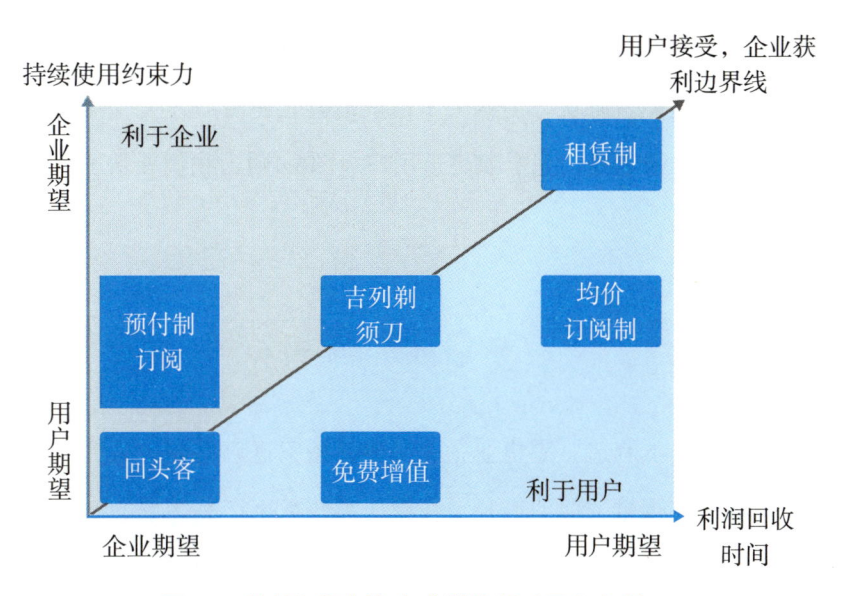

图6.4 均价订阅制与免费增值都对用户有利

下面我们把均价订阅制和吉列剃须刀模式进行对比。从企业的角度看，吉列剃须刀模式下主体产品的利润并不大，但由于配件和耗材的毛利率较高，再加上用户使用频率越高，那么企业也就能越快回收利润。这恰好符合剃须刀和替换刀片的关系。另外，均价订阅制也是用慢慢收取服务费的方式让用户感到"实惠"，因此均价订阅制同样有利于用户。

在用户看来，均价订阅制的交易形式利于用户，体现了商家甘愿放弃利润也要服务客户的情怀。而且利于用户、为用户提供便利的企业也能更快地被社会认可。近年来的订阅制风潮显然来源于用户的口耳相传。

无限提供音乐、视频服务对于用户而言更是一种实惠、便捷的服务形式，所以均价订阅制才能受到以大学生为主的青年群体的热烈欢迎。其实用户对于企业的价值获取方式十分敏感。

对用户有利的价值获取方式似乎是近几年才异军突起形成风潮的，但早在十几年前，这种形式就已出现并得到普及了。那就是风靡全球的免费增值模式。其中最具代表性的就是手机游戏行业，厂商往往提供免费游戏下载，

| 盈利 |

但在游戏内还会出售各种付费道具,而这付费道具才是厂商利润的来源。用户虽然可以永远免费游玩,但购买了付费道具之后游戏才会变得更加轻松,到底愿不愿意出这笔钱,完全取决于用户。图6.4则为我们展示了对用户有利的几种状况。

订阅热潮

2018年,日本制造、零售业企业突然开始引进订阅制,虽然他们都打着"均价订阅"的旗号,但他们只是在模仿那些数字产品领域的均价订阅,而且模仿得似是而非。图6.5为我们展示了订阅制与经常性收入的陷阱。

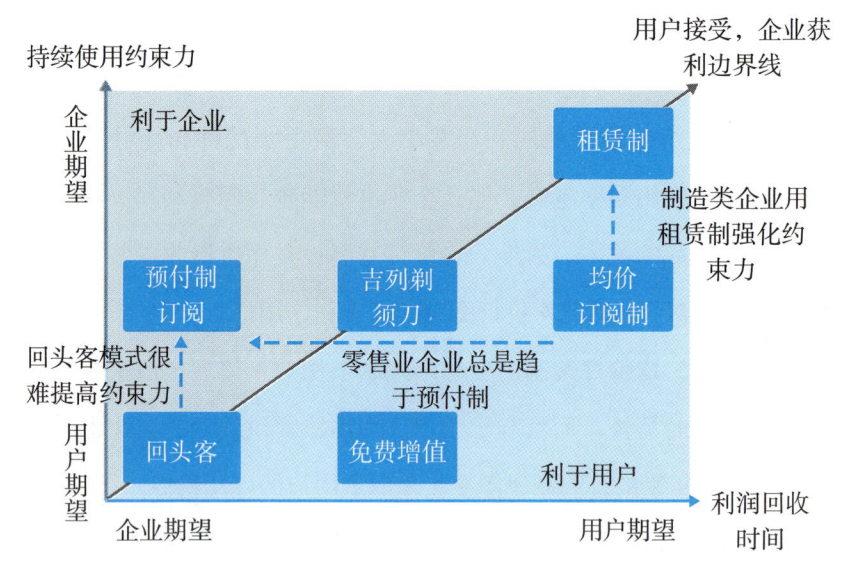

图6.5 制造、零售业企业的订阅"陷阱"

制造业的订阅制

首先,我们看看制造类企业的订阅制。

制造类企业的均价订阅制虽然也把用户放在了有利地位,但遗憾的是他们都太关注"订阅"本身了。

均价订阅热潮兴起于软件行业,但汽车制造业、家电制造业也开始乘着这股巨浪,暂时放弃直接销售,而开始以订阅制为用户提供耐用品。从此,用户可以通过每月支付租金使用崭新的汽车和家电,这就是所谓的"实体产品订阅制"。

日本有代表性的制造类企业普遍认为,均价订阅制十分适合企业应用,而且几乎和租赁制无异。

为什么这么说?我们可以看看企业实际提供的服务。原来,企业和用户约定的使用年限一般为:汽车3~7年、电视机5年。这种形式的约束力显然很强,正如图6.5所示,它已经算不上是真正的"均价订阅",而是更接近"租赁制"了。因此,此时的"均价订阅制"也只剩下一个名头而已。

企业自然也有苦衷。首先商品成本很高,但用户也很有可能中途不再续约,因此如果真的完全使用订阅制,企业需要承担很大的风险。制造、零售业企业通过销售产品完成价值创造,他们虽然也想赶上这股"订阅热潮",却不知道如何才能成功"入局"。

最终,企业选择提高持续使用约束力,创造出一种"以订阅为名,行租赁之实"的半吊子订阅制,但用户都很敏感,他们觉得自己的"利益"受到了侵犯,因此实体产品订阅制最终高开低走,没有形成气候。

下面我们来看看敢于在订阅热潮早期入局的两家企业。

丰田KINTO

KINTO是丰田旗下的全资子公司,2019年他们开始提供"新车订阅服务"。

KINTO的横空出世,让用户可以通过支付一定费用,就能体验丰田新车。"KINTO ONE"[1]服务刚一推出,便以其实惠、便捷的特性引发了普遍关

---

[1] KINTO ONE是丰田旗下一个提供全方位服务的租赁系统。——编者注

| 盈利 |

注。一台售价260万日元的丰田普锐斯，用户通过订阅制，每月只要支付5万日元，就能轻松入手新车，而且无须任何利息和杂费。要知道，杂费可是包含了保险、购车税及维护费用等一大笔开销。

但是这个订阅计划要求用户至少签订为期三年的协约，若中途解约需要承担高额的违约金，也就是说一旦签约，三年总共要支付180万日元。而且即便期满，用户也要将汽车返还给KINTO。

从用户的角度看，KINTO的订阅制和还车贷几乎没有差别，既然不能中途解约，那就失去了真正订阅制的那种"实惠"和"轻松"的感觉。而从企业的角度看，由于汽车的制造成本很高，自然不能轻易接受用户中途解约的请求。因此，他们的订阅制只能尽量保留残值贷款和租赁制的要素。结果KINTO虽然挂上了"均价订阅"的招牌，但我们根本看不出它与租赁制的区别。

KINTO在推出这项服务前，也试图模仿过均价订阅模式。但是，考虑到回收利润，他们没有采用自由解约的形式。为了以较低的风险获取价值，商家必须提高月费，提高利润回收速度，或者增加持续使用约束力。因为提高月费必然会触碰用户的利益，所以企业会尽量避免使用前者，因此只能想方设法提高持续使用约束力。最终虽然KINTO引进了均价订阅制，但实际上还是没离开租赁制的框架。

KINTO的最终方法是将订阅制和租赁制结合起来，但客户似乎不太买账。而且青年人对残值贷款已经有了一定的了解，因此他们更加觉得KINTO的订阅制和租赁制本身没有区别。虽然KINTO给用户提供了多种支付方式，但正因为选项增多，反而让用户感到特别复杂。

戴森技术+

自2017年12月起，戴森在日本推出了"戴森技术+"服务，用户每月支付1 000日元就能体验戴森高科技产品。作为实体产品租赁制，戴森的服务领先一众企业，处于行业先驱者地位。

使用基本产品的服务协议期限为三年，月费为1 000日元，高规格产品的协议期限为两年，月费为2 500日元。如需中途解约，则需支付3 000日元手续费。

由于戴森出品的吸尘器的价格比一般品牌高出许多，因此用户不会贸然购买。于是公司为了让用户感受到实惠，采用订阅形式推广产品，而且因为允许中途解约，这种订阅制受到用户的一致好评。

但是这项服务却在2021年6月突然宣告停止。我们目前尚且不知其中原因，但多半是因为订阅制不足以支撑公司获取价值吧！不难想象，有些用户还是比较关注协约期的，而且月费虽然仅为1 000日元，但解约手续费却是月费的三倍。

对于月费2 500日元的高级用户来说，中途解约手续费大约相当于一个月的月费，所以似乎没有很强的约束力。但因此，戴森也给人留下了只顾眼前利润，将来无法创造更大利润，格局不大的印象。

戴森本身并未专门为订阅服务开发出支持物联网的吸尘器，因此也无法开展个性化服务。而且由于机器无法传输数据，戴森也无法得到使用数据，以支持其订阅用户专用机的研发。

另外，这些产品在任何销售渠道都能购买，戴森只不过是又提供了一个订阅使用的选项。因此用户自然会觉得"买不如租"，所以他们的订阅服务反而影响了产品的销量。

而且即便订阅会员增加，但产品销量却越来越低。这会逐步消耗戴森价值获取的优势。如果销售和订阅服务提供的并不是同样的产品，同时支持物联网功能，与在售产品彻底区分开来，或许我们还能期待戴森创造新的奇迹。

虽然这项服务最终被叫停，但对于戴森日本子公司而言，这绝对是制造业企业的一场充满挑战性的实验。

随着KINTO、戴森的折戟沉沙，我们不得不承认，对于汽车、家电等耐用消费品来说，均价订阅制确实是一条充满艰难险阻的道路。即便我们仍旧坚持创新，也要想办法提供单纯租赁和残值贷款所不能提供的客户价值。除了降低维护等费用的负担，还要站在客户的角度思考，帮客户找到继续选择均价订阅的理由。

零售业的订阅制

下面我们来看看零售业与服务业是如何利用订阅制盈利的。零售、服务业的"均价订阅"是假设客户反复购物，企业一次性向客户收取总费用，同时降低单品（单次服务）的费用。

但是这与图6.5左侧利于企业的"预付制订阅"似乎没有什么区别。看来，零售业是由利于用户的盈利模式彻底转变为利于企业的了。

近几年的订阅热潮是由数字化时代的"无限包月订阅"服务掀起的。零售、服务业企业最开始也会模仿订阅制，用"包月"这个关键词吸引用户，拓展新业务，最终他们为了赶上这股热潮，还是选择沿用有着漫长历史的预付制订阅模式。

预付制订阅，让服务业蓬勃发展

订阅制刚一流行，就有各种企业开始使用订阅模式，宛如雨后春笋一般。特别是餐饮业，他们早早就开始引进了预付制订阅服务，即每月支付一定费用，即可畅饮咖啡、任吃拉面等。虽然在这种模式下，使用次数越多，商家定价越低，但按照目前的服务，这仅仅是将价值获取变为按月订阅而已。

目前这些服务不过是普通的预付制，因此几乎没有任何一家企业提供的服务能够顺利发展。恕我直言，"既然如此，索性继续降低月费吧"更是愚蠢至极的想法。因为问题根本不在定价上。

之所以这些服务对用户毫无吸引力，主要是因为他们的服务也不过是打着订阅的名号，实则把企业放在有利地位，压榨用户而已，这才是问题的根源。下面笔者来为各位说明。

与预付制订阅的差异

从企业角度看，预付制订阅的价格平均下来甚至比单次购买还高，而且还能一次性地回收利润[①]。

但是这就意味着客户需要承担相当大的负担。请看图6.6。

【均价订阅制】　　　　　　　【预付制订阅】

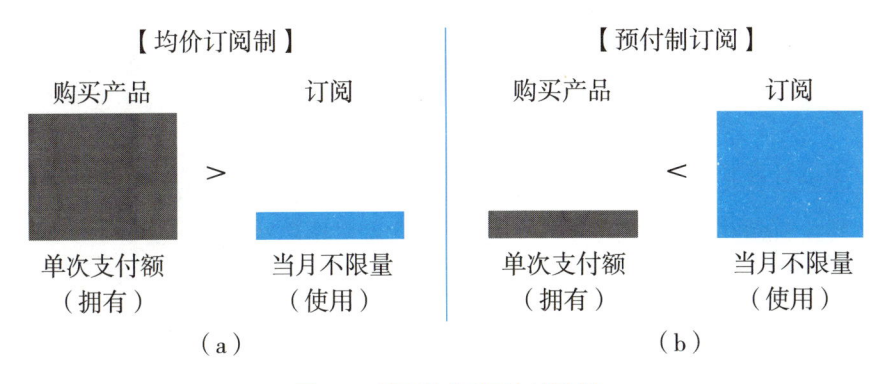

购买产品　　订阅　　　　　购买产品　　订阅

单次支付额　　当月不限量　　　　单次支付额　　当月不限量
（拥有）　　（使用）　　　　（拥有）　　（使用）

（a）　　　　　　　　　　（b）

图6.6　预付制订阅的特殊性

图6.6中的订阅制其实分为均价订阅和预付制订阅，而且我们很容易发现这两者的区别。

均价订阅制，如图6.6（a）所示，允许客户用较为低廉的月费获得价格高昂的产品的使用权。这对于用户而言，自然十分实惠。

比如一款售价30万日元的软件，如果订阅则每月只需支付5 000日元；售价400万日元的汽车，每月订阅费只需5万日元，这些都是比较合适的订阅形式。与其花好几千日元，买一张蓝光电影光碟，倒不如每月花1 000日元，享受无限视频服务，这就是人们选择订阅的原因。

另外，预付制订阅的特征如图6.6（b）所示。既然已经提供了服务，并

---

① 预付制下，由于先产生现金流入，因此从现金流的角度来看，利润回收时间甚至应该是负数，但我们关注的是回收产品生产成本的回收时间，因此要将成本回收时间设为零。

| 盈利 |

且也设定好单次使用价格或买断价格，而且还允许用户当月无限制使用，那么商家自然有权利索取费用，而且必须是预付制。

可是，由于用户需要预先支付费用，因此他们往往会忽视使用"次数越多，相当于单次使用的价格越低"的事实，甚至并不觉得自己其实得到了实惠。而且商家定价之所以这么低，也是为了吸引对价格敏感的用户，但既然这样的用户对现金如此重视，那怎么还会为将来的利益，承担现在的高额订阅费呢？

下面让我们把视角拉回到利润回收时间上。通过上述分析，我们可以发现，均价订阅制与预付制订阅截然相反，后者对用户并没有多少好处。

与回头客模式的差异

预付制订阅与回头客模式相比，对于用户而言仍旧没有优势。只有经常使用的用户才会觉得包时段无限制使用会比单次购买更划算。但是与回头客模式相比，预付制订阅还是会让用户处于不利地位。

这是因为，用户必须一直给同一个企业、同一家店付钱或者一直使用同一系列的服务，换言之这种订阅制也有持续使用约束力。回头客只是每次购买固定的服务，但并不受约束，复购只是一种自发行为。

在经常性收入图（图6.3）中，我们也能清楚地看到，预付制订阅的吸引力根本不如回头客模式。回头客不受任何约束，他们是自愿复购的忠实用户，但预付制订阅则有着极强的约束力。

目前很多零售类企业都在积极运用订阅制。虽然他们标榜均价订阅制，但实际上还是在应用预付制订阅。比如一家平均消费1 000日元的无限畅饮小酒馆，现在推出了一月4 000日元的畅饮订阅服务。用户虽然知道这是难得的低价，但一想到每次都要去同一家店，就不太愿意预付这笔费用了。

企业希望尽早收到用户支付的现金，但预付制订阅只适用于火车月票、经常订阅的杂志、报纸或者每年都要去几次的主题公园，即"已形成使用习惯的产品（或服务）"。

因此想要用好预付制订阅，首先要保证强大的用户忠诚度，或者企业提供的产品、服务已经成为一种类似于"基础设施"的存在。这是因为，预付制订阅会使企业完全处于优势地位。因此这种价值获取方式，对于没有积累，只想转型的企业而言，难度非同一般。

均价订阅制为什么会失败

下面我来谈谈为什么制造、零售业企业做不好均价订阅。

许多制造业企业只是把原有的买断制产品贴上一个均价订阅制的标签，这就是他们失败的原因之一。如今人们已经很习惯贷款或租赁制，因此只是多了个"均价订阅"的选择，其实没多大意义。用户根本理解不了订阅制的优越性。

另外，虽然有些企业推出"订阅包维护费"作为卖点，但是很少有用户会因为在乎维修，而选择这种形式的订阅制。而且日本企业生产的产品本身品质优良，"故障率低"才是最大的卖点。现在突然听说"订阅包维护费"，反而会让用户产生不好的联想。

另外还有一些制造业和零售业都会犯的错误。

第一，便是严重的侵蚀效应，这种现象甚至影响了企业的正常销售。在经常性收入模式下，客户的持续使用约束力越小、利润回收时间越长对用户就越有利。但是如果企业只是为了获得用户的好评，宁可亏本也要使用订阅制，那么用户越多，对企业造成的损失也就越大，甚至会影响到正常的产品销售[1]。

---

[1] AOKI 推出了西装均价订阅服务，并受到好评，但企业却隐性亏损。平时直接购买西装的客户为了"占便宜"反而转向订阅，因此企业产品的正常销售出现严重问题。结果不到半年，这项服务就被迫终止了。

| 盈利 |

第二，一种价值创造体系的出现会导致另一种价值获取体系的崩溃。不会使用订阅制的企业，往往是直接改变一项业务中产品的价值获取方式，强行加上订阅制。

换言之，即在同一业务中，两种收费时机完全不同的价值获取方式并存。殊不知，这会引起业务整体发生混乱。产品销售是在完成交易后直接回收利润，订阅制则是以较低的单次使用费吸引用户，两者在销售体系、经营体系以及售后体系方面都有着不同的策略。

将订阅制作为一种独立的价值获取方式，就应该在新的价值创造体系下实施。如果使用同样的产品，至少要把这项业务放在子公司，或者安排给独立业务部门或团队，总之要把订阅制的产品与企业现在售卖的产品彻底分离。

不过唯一的例外是处于同样价值创造体系的产品销售和订阅制服务可以并存，即限制时间或限制人数的订阅制服务。由于这项服务可以作为一种促销活动，只要达到时限或人数上限就宣告结束[①]。有不少服务类企业通过这种方式吸引了很多消费者，但如今各行各业都在争相尝试订阅制，因此它的作用也越来越小。

如果想让产品销售和订阅制服务共存，就不要让两项业务分离，我们需要将之合并为同一种价值获取方式。这是一种发挥销售和订阅双方各自优势，从而获取订阅制的无限利润的策略。在这种情况下，就要将硬件（产品）和软件（订阅）进行有机结合，发掘新的价值获取方式。关于这一部分，笔者将在后文为各位介绍。

订阅制的条件

前文笔者为各位介绍了制造、零售类企业之所以不能成功运用订阅制的

---

① 这种方法被日本烤肉品牌"牛角"和居酒屋连锁店积极应用，媒体对此也有过报道。

原因。而经常性收入是订阅制的上层逻辑，那么实现经常性收入有什么必要条件吗？我们继续往下看。

D2C过程

应用订阅制的必要条件之一就是制造业企业向D2C领域迈进。D2C即"Direct to Consumer"的简称，意思是制造业企业与消费者直接沟通。以往产品要通过分销领域才能提供到用户手中，如今通过互联网以及各大电商平台，制造业企业得以与用户直接交流。

数字化引导的均价订阅制之所以能取得成功，全靠D2C模式在背后支撑。索尼、苹果、任天堂以及特斯拉都在提供订阅服务的同时，开始直接与客户对接。

即便用户在零售渠道购买了商品，那么随后的服务也必须通过D2C模式进行，否则用户是无法体会到订阅制的优势的。在订阅制方面，如果让第三方介入，不仅会提高分销成本，还会进一步压缩企业的利润率，而且企业也无法获得用户的相关数据。最后一点尤为致命。

数字化引导的均价订阅制，允许企业直接向用户提供服务，同时企业也能积累用户喜好、使用情况等数据。随后这些数据又能启发企业遵循客户的喜好，不断优化产品与服务，只有D2C才能实现产品与服务的"个性化"。而企业只有实现个性化，才能保证订阅制服务的延续[①]。

特别是数字时代下的经常性收入模式，D2C的作用变得更加重要。因此在引进订阅制服务时，我们还要及时构建D2C体系。

[①] 客户成功预定是订阅制持续发展的关键，其中个性化起着重要作用。

| 盈利 |

独特的会员制

订阅制实现的前提是站在客户的角度思考会员制的形式和内容。因为均价订阅费其实就是一种"会员费"。

想让会员愿意支付会员费，就要为他们提供福利和优惠。有太多制造、零售业企业只知道推出订阅制服务，却从不会想到要给用户提供什么福利待遇。而且，如果真的要以"实惠"为卖点，除非价格相当低否则还是不能引起用户的兴趣。

特别是制造业企业，他们提供的订阅制服务的基础仍旧是销售产品获取价值，根本谈不上有什么"实惠"。而且他们还习惯强化对用户的约束力，因此很难得到用户群体的支持。

那么怎样才能合理应用订阅制呢？答案是摆脱单纯依赖"实惠"的旧模式。订阅用户相当于企业的会员，他们不是购买产品的普通客户。因此我们要为他们提供一种非同寻常的价值。

比如，网飞与其他视频平台的不同之处在于，他们很早就开始致力于原创作品的制作。网飞拥有独占的影视作品，这就是用户优越感的来源。除了出品的《纸牌屋》（*House of Cards*）、《黑镜》（*Black Mirror*）等作品，网飞还在韩国独家出品了《爱的迫降》（*Crash Landing on You*）、《梨泰院》（*Itaewon Class*）等作品，因而受到全世界用户的好评。很多人正是为了能看到这些作品才选择网飞的，而且这也是他们续费的理由。

如果制造、零售业企业的订阅制也能给用户带来优越感，即便无法给用户带来实惠，至少也给了他们一个选择加入的理由。

比如汽车订阅服务，就可以利用现有资产在全国经销店为客户提供免费停车服务，并在营业时间为会员用户提供免费停车服务或者把经销店办成会员专用咖啡馆。当然，汽车制造商和经销店可能并不属于同一家企业，因此执行难度很高，但我们也要想办法为会员提供福利。

更现实一些的做法是，满足包月用户的客户主张。比如可以给会员提供专属软件即服务（SaaS）[1]升级服务，以提升汽车性能。

实际上丰田子公司KINTO也曾经进行过这方面的挑战。只有KINTO会员才能租用"GR Yaris Morizou Selection"并进行软件版本升级[2]。

不过KINTO并不是效法特斯拉，允许用户直接升级OTA（OverTheAir）数据，而是让用户携移动终端到附近经销店更新软件。虽然眼下还有许多问题需要解决，但丰田已经迈出了订阅制的一大步，他们已经开始想办法留住用户了。

订阅制一定要让用户有优越感，给用户提供福利。我们始终要通过独特性和差异化服务，体现出订阅和销售的区别。

经常性收入和订阅制都是价值获取的主题，但在实际应用中都不能脱离用户，只谈理论。只考虑价值获取就无法让用户感到轻松和实惠，这种思维适用于各种价值获取方式，同时贯穿于商业模式的始终。商业模式是一个很大的话题，笔者将在下一节与各位探讨。

订阅制对经常性收入模式的影响

订阅制深刻地影响了我们的世界。订阅热潮过后，用户的认知也发生了巨大的变化。从此不论任何价值获取方式，都开始偏向给用户实惠、轻松和利益。如果企业没有认识到这一点，就开始探索经常性收入模式，就可能遭遇失败。下面笔者来详细说明。

---

[1] 软件即服务模式，即始终在云端提供最新的软件服务。
[2] 摘自《日本经济新闻》，2020年6月8日早间版。

| 盈利 |

改变收费时机

制造、零售业企业的订阅制转型并不顺利,因为他们根本没有把订阅制作为一种价值获取方式去理解。

所有以订阅制为代表的经常性收入模式都是通过改变计费时间来实现的。换句话说,就是企业必须想办法将"直接收费"的项目转变为"定期收费"。

然后我们来了解一下,通过改变收费时机而完成的经常性收入模式有哪些基本特征。

"经常性收入"模式全称"Recurring revenue model",即"一种持续产生收益的商业模式"。笔者希望各位注意,到底是什么在"持续"。

持续的必然是"收益",而不是"利润",两者绝对不能混淆。如果企业没有持续产生收益的策略和机制,就无法实现经常性收入。此外,即便能实现持续收益,如果不去预测、思考企业在哪个阶段开始获利,企业就无法通过这种模式获取价值。

定期回收利润,改变收费时机,形成经常性收入固然有其合理性,但是这种模式一旦失去了持续付费的支持者,就无法创造利润。制造业企业的收费时机为0,即直接回收利润,对于他们来说,经常性收入并不是最佳选择。因为他们觉得即便产品再热销,每月只能收到几十分之一的利润实在有些"吃亏",而且不知道要用多长时间才能把成本全都收回来。

企业必须认识到,将价值获取方式转变为订阅制,也意味着盈利机制的转变。

表6.1为我们展示了本章出现的价值获取方式。"定期"回收利润的价值获取方式,往往符合末位为1的盈利逻辑。

表6.1 产品销售与经常性收入模式

价值获取方式	概述	盈利逻辑
产品销售	通过主要产品，向主要客户收费，直接回收利润	000
均价订阅	通过主要产品，向主要客户收费，定期回收利润	001
预付制订阅	通过主要产品，向主要客户收费，定期回收利润	001
按量计费订阅	通过主要产品，向主要客户收费，定期回收利润	001
回头客	通过主要产品，向主要客户收费，定期回收利润	001
租赁制	通过主要产品，向主要客户收费，定期回收利润	001
吉列剃须刀商业模式	寻找更优质的收费点，向主要客户收费，定期回收利润	011
免费增值	寻找更优质的收费点，向主要客户收费，定期回收利润	011

经常性收入和直接回收利润的产品销售的盈利逻辑完全不同。下面我们来看看经常性收入模式对订阅制的影响。

订阅制能否让消费者持续获益

前文中图6.3展示了经常性收入模式下，以均价订阅制为代表的多种价值获取方式。

均价订阅制与传统的回头客、吉列剃须刀、租赁制相比，对用户更加有利，因此备受瞩目。虽然免费增值与均价订阅制一样，都属于有利于用户的价值获取方式，而且两者都赶上了这波数字化浪潮。与用户早已熟知的传统经常性收入模式相比，他们对用户更加有利，因此受到广大用户的追捧。

但是，即便这些价值获取方式明显有利于用户，但在现在的用户看来，这些都是理所应当的。在我们思考今后的价值获取方式时，这种现象会造成很大的问题。2015年，均价订阅制随信息化的推进开始崭露头角，而免费增值服务早在2009年就开始受到社会的关注。

| 盈利 |

这些价值获取方式已经出现了很多年,早已不再新鲜。其中订阅制的知名度不断上升,甚至被提名为2019年"日本流行语大赏"。一时间各行各业都开始热火朝天地进行订阅制转型,各大媒体对此争相报道,"订阅"似乎已经成了一种揽客的手段。

但是,如今这些价值获取方式早已不再新鲜,即便有企业才开始运用,也没了当初的吸引力。我们现在只能把它们当成一种十分传统的经常性收入模式。笔者在2019年才开始用经常性收入模式图来展示订阅制的特征。但这已经是很久以前的事了。

虽然这些都是有利于用户的价值获取方式,但对于如今的用户而言,这些也都已经习以为常了。下面请看图6.7。

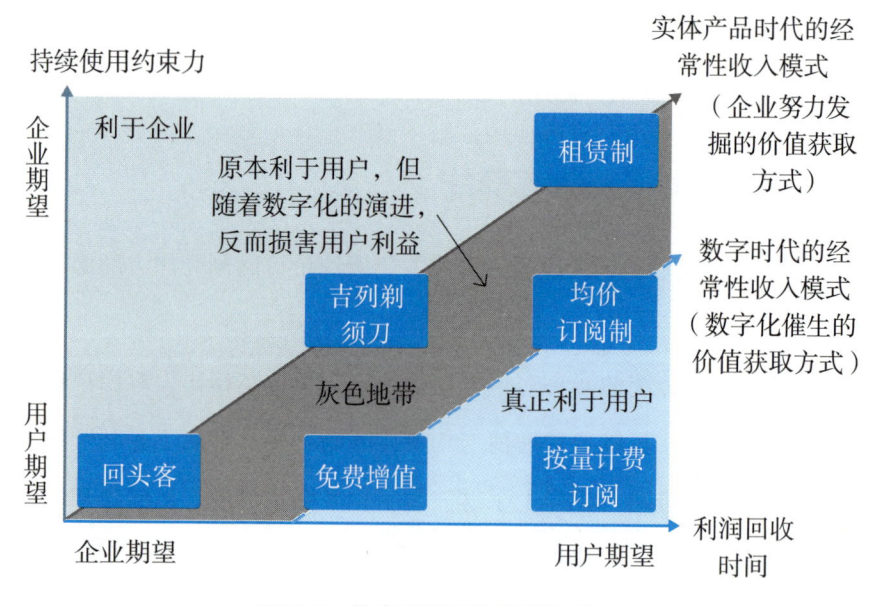

图6.7 数字时代下的经常性收入

从原点引出的分界对角线看,均价订阅制和免费增值都处于有利于用户的位置,但多年来,用户对这些服务已经了如指掌。

这一代青年人从记事起就开始接触数字产品,因此他们根本看不出这些服务有什么新鲜。游戏就应该免费，音乐就应该畅听，视频、电视剧也应该想怎么看就怎么看……均价订阅制和免费增值对于00后、10后而言，已经是很普遍的用户服务了。

他们更加不会觉得租赁制和吉列剃须刀模式对自己有什么好处。在他们看来，既然订阅制和免费增值已经稀松平常，就更别提什么租赁制和免费增值了，它们既不"便捷"也不"实惠"。

下面请各位再分析一下均价订阅制和免费增值的位置关系。之后我们再看看两者之间的连线（图中虚线箭头）。这条线是数字时代下，新的用户优势边界线。

数字时代，如果我们还要再画一次分界线的话，就会发现，真正有利于用户的只有按量计费订阅。按量计费订阅不需要用户在签约之初就支付费用，而是根据使用量支付。使用与否完全是用户的自由，几乎没有持续使用约束力。另外，如果用户没有使用，就不会产生任何费用，因此不能确定企业是否能够回收利润。这种价值获取方式同样要依赖数字产品。

如果企业的价值获取方式不能给用户带来实实在在的福利，那么就谈不上利于用户。

实体时代和数字时代的价值获取定位

我们不难发现，数字时代的新分界线和租赁制、吉列剃须刀的位置关系十分相近。以往租赁制与吉列剃须刀模式都是不错的价值获取方式，但如今已经是数字时代，均价订阅制和免费增值才是更加均衡的价值获取方式。

租赁制与均价订阅制在"均价"方面有着相似的观点，"以均价形式，每月收取一定费用，定期回收利润"是两者共通的逻辑。吉列剃须刀模式则与免费增值服务类似，"不依靠主体产品获利，而是随着用户的使用，不断回收利润"是两者共通的逻辑。数字时代下的年轻人认为，均价付费的就是均价订阅，使用中出现收费项目的就是免费增值。

实体时代用户与企业都能获利的分界线，已经被数字化的浪潮逐渐推向免费增值与均价订阅制的方向。以往对用户有利的分界线，如今反而成了对企业有利的分界线。

企业的价值获取方式要么在这条边界线以上，要么在这条边界线以下，否则用户不会有任何反应。这意味着，传统制造、零售业企业将很难继续获利。

落入灰色地带

图6.7中展示了实体时代下的经常性收入分界线与数字时代下的经常性收入分界线间的灰色地带。所谓灰色地带，就是本属于有利于客户的区间，但随着数字时代的到来，用户已经对其不感兴趣的区间。

换言之，灰色地带就是"客户漠不关心的区间"。下面请各位回忆一下你的企业正在尝试或者已经终止的订阅制项目，相信它们大多数都处于灰色地带。

灰色地带会引发重大问题。经常性收入模式除了用户毫无反应只利于企业的区间，还有些更加"麻烦"的区间。即便你出于"利于用户"的目的，准备在灰色地带进行价值获取，但由于订阅制和免费增值的出现，用户已经对这些"利益"司空见惯。一旦企业深陷在灰色地带的泥潭并费太大功夫，导致真正有利于用户的区间反而会被压缩。

汽车订阅制、家电订阅制，包括很多其他领域企业的无数次尝试几乎全都是在"灰色地带上发力"。只要稍微强化一下约束力，订阅制就会变成租赁制，企业最终深陷灰色地带的泥潭而不能自拔。有些企业会收取解约手续费，但这同样没有脱离灰色地带的束缚。企业想要提高利润回收的速度，就难免向图中左侧部分倾斜。

很多企业虽然引进了均价订阅模式，但他们却总是习惯于不断强化对用户的约束力，最后硬是把订阅制做成了租赁制。或者是从一开始就把会员费、押金、违约金定得特别高。要么就是为了迅速回收利润，收取添加月费。这些都是把均价订阅制推向灰色地带的行为。

制造业企业习惯了靠产品销售获利，让他们适应订阅制本身就有一定难度，即便一开始他们本着利于用户的心态，但也难免会为了让企业获利，不断向灰色地带靠拢，最终"一失足成千古恨"。因此纵使互联网企业带头引进订阅制，也取得了不少成就，但这对于制造业企业还是太难了。

制造业如何巧用订阅制

制造、零售业企业想要妥善利用订阅制，首先应该明白几个问题，请相信这些努力都有回报。下面我们来学习一下利用经常性收入模式获利的具体方法。

数字化时代的新型经常性收入模式

我们应该将产品销售和常规服务结合起来，并形成一种新的价值获取方式。换言之，就是把旧的分界线，与新分界线组合起来（请参考图6.7）。

这并不是简单地并用现有的价值获取方式，而是要追溯每种价值获取方式的收费点，然后再设计出新的价值获取方式。

事实上，这样的新模式绝对存在。它的雏形是吉列剃须刀模式，这自然也涉及产品销售。换句话说，企业不以主体产品获益，而是通过配件获利。但与单纯的吉列剃须刀模式不同的是，企业以均价订阅的形式提供软件，而非实体的配件。

它与被称为"软件即服务加终端"的商业模式所推崇的价值获取方式相同。企业往往先销售硬件产品，随后以"软件即服务"模式销售软件。

硬件销售是边际成本较高的产品销售模式，而软件即服务的边际成本则

| 盈利 |

不算太高，因此适合运用均价订阅制。并且，这种硬软件结合不是衍生的，而是从一开始就精心设计好的。

硬件的价格需要有足够吸引力，只要勉强能回收成本即可，而毛利率更高的数据资源和服务，则可以通过订阅的形式，不断积攒利润。如果一定要给这种价值获取方式取一个名字的话，那就应该是"均价剃须刀模式"。

日本制造业企业尝试订阅制的主要做法仍旧是提供作为耐用消费品的主体产品。他们希望通过汽车或家电的订阅制为企业谋利，但这实际上和租赁制、残值贷款没有什么区别。

接下来，企业不能只是以分期、订阅的形式向用户提供产品，而是使用价值更高的"服务"，这才是"均价剃须刀模式"的必由之路。

佩洛顿

佩洛顿号称健身界的"苹果"，他们把"均价剃须刀模式"运用得可谓炉火纯青。佩洛顿在价值获取的基础上，还通过软件即服务加终端模式，实现了长足的发展。

受到新冠肺炎疫情的影响，很多人不得不在室内运动。但此时佩洛顿进入了大家的视线。2020年1月到12月，佩洛顿的付费会员人数从56万人一路飙升到109万人，公司市值上涨了六倍。

佩洛顿的主要产品是室内健身车和跑步机。每台机器的扶手附近都装有一块平板式的触摸屏，这块触摸屏需要始终保持联网状态。

除了收看定期、频繁更新的原创健身视频，用户还能通过网络健身房功能接受实时健身指导。用户们虽然身处不同地区，却能共同上一节健身课，在线用户还能利用用户交流系统互相勉励。所有用户都能通过健身器广交朋友并参加用户社区。

用户以2 000美元购买佩洛顿的健身车、跑步机后，每月再交39美元，就能订阅佩洛顿的健身服务。即便是没有购买健身器的用户，也能以每月12.99美元的价格享受佩洛顿的健身视频服务。佩洛顿将产品销售与均价订阅有机组合，形成了一套独特的价值获取方式。

索尼集团

不论在哪个行业，都有通过合理运用均价剃须刀模式创造价值的企业。索尼集团的华丽转身，正是日本最成功的经常性收入模式案例。他们采用的商业模式恰为软件即服务加终端模式。

比如很多PS（PlayStation）游戏机的用户都会订阅索尼的游戏服务，即每月收费仅为850日元的PlayStation Plus服务。PlayStation Plus是一个扩展程序，它能让全世界所有的PS主机玩家畅快交流，只要是PS主机玩家几乎都会订阅这项服务。

索尼集团将这种价值获取方式广泛地应用在公司的其他产品上。2019年1月发布的aibo机器狗，售价为20万日元，而每月升级订阅费则为3 000日元。

就这样，以制造为基础的索尼集团，充分利用了均价剃须刀模式和经常性收入模式为企业谋利。自2019财年起，公司的利润屡创新高。即便受到新冠肺炎疫情的影响，索尼2021财年的业绩仍旧保持上升态势，净利润突破1万亿日元大关。

其他变体

以软件即服务加终端的商业模式获取价值，除了"吉列剃须刀模式+均价订阅制"，还有其他不少组合。或许我们还可以尝试一下"吉列剃须刀模式+按量计费订阅制"。

索尼在旗下的PS游戏机上，推出了PS PLUS订阅服务，同时也推出了付费下载游戏。这其实也是一种变相的按量计费订阅制。如今索尼的方式已经被

| 盈利 |

各大家用游戏机厂商普遍应用。

前面介绍的苹果公司"设备+服务提供"的形式也属于软件即服务加终端盈利模式。苹果在销售iPhone和iPad等产品的同时，正在利用吉列剃须刀模式获利。为了实现超越实体产品的利润率，苹果正在尝试带有数字服务性质的软件即服务盈利模式，例如Apple Music和Apple TV +，就是通过均价订阅获取利润的盈利模式。

苹果长久以来依靠产品销售获取了高额的利润，但如今他们也开始涉足软件即服务订阅领域的价值获取方式，以获取更高的利润。Apple One的推出，正是苹果强化订阅制的关键一步，有着极强的战略意义。

数字时代下制造业企业的经常性收入

数字时代下，制造业企业想要成功引进订阅制，首先要解决一个问题。那就是，不能以订阅制之名，行租赁制之实，在边际成本低的领域引进订阅制。

我们可以用订阅的形式为用户提供毛利率高的配件和耗材，但考虑到物流成本的增加，我们终究还是需要转型。接下来我们就不能再依靠实体产品获利，应当转向系统升级、数字服务等方向，从这个角度尝试订阅制。

在思考这种价值获取方式时，我们一定要明确区分产品与服务。这部分内容我将利用图6.8为各位说明。

比如佩洛顿和PS游戏机将吉列剃须刀模式与均价订阅有机组合，从而形成了"均价剃须刀"价值获取方式。吉列剃须刀模式本身脱胎于旧时代的经常性收入模式，而如今我们则要用数字化的手段，在新的经常性收入分界线上，探寻订阅制的新组合。最终形成一种实体产品与实体产品组合，数字产品与数字产品组合的新格局。

另外按量计费订阅制才处于真正利于用户的位置，因此"吉列剃须刀+按量计费订阅"也是一个行之有效的组合。因此我们应该重新认识家用游戏机在价值获取方面的意义。

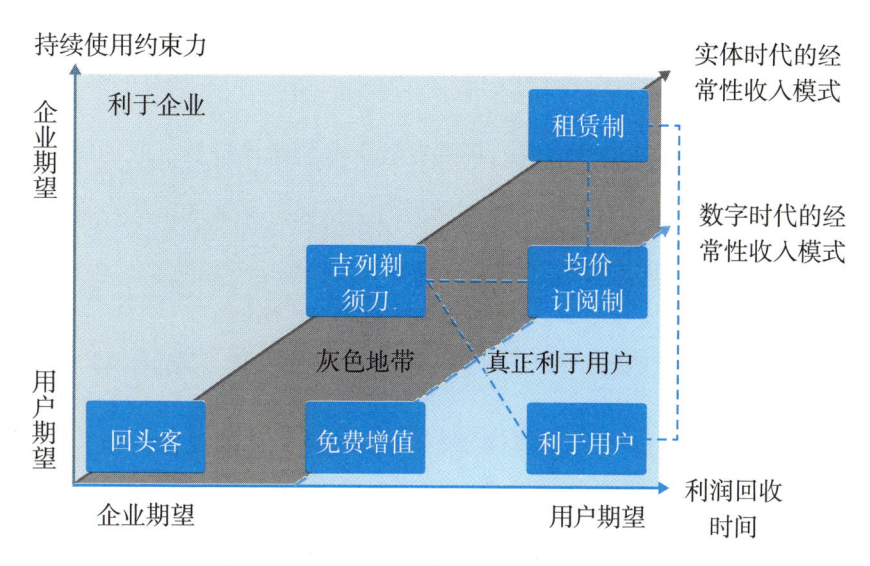

图6.8 产品与服务应该使用不同的分界线

下面我们再来想象另一种价值获取方式。比如我们以租赁形式向用户提供产品，同时将均价订阅制和按量计费订阅组合起来，形成一种新的价值获取方式。其实这种方式早已广泛应用于电信企业的手机销售以及物联网办公打印机租赁等领域。

其实我们可以用"租赁制+均价订阅制"来销售智能机。企业可以通过租赁或残值贷款的形式，让用户在若干年内分期支付智能手机的费用。用户每月除了分期付款，还需要支付手机基本使用费或者服务费，这样一来，企业就能随着时间推移慢慢回收利润了。办公打印机则可以采取"租赁制+按量计费订阅制"，即打印机可以租赁，同时也可以根据打印量收取使用费，企业同样能够定期回收利润。

这些方法都能让刚刚步入数字时代的制造、零售业企业在订阅制转型的道路上少走弯路，可谓最适合的转型策略。未来，制造业企业应保证"数

| 盈利 |

字、实体两手都要抓，两手都要硬"的发展态势。

数字化时代的循环模式

无论是订阅制还是免费增值，都是在数字化的时代背景下取得成果的价值获取方式。如今免费增值和订阅制早已司空见惯，那么未来的经常性收入模式又会朝着什么方向发展呢？笔者将在下文为各位一一说明。

保证数字化时代的经常性收入模式应以"担保"为先

请看图6.7中旧分界线上的回头客、吉列剃须刀模式和租赁制。不难发现，持续使用约束力和利润回收的时间都为零的位置，即回头客才是经常性收入的"原点"。经常性收入模式的本质就是让用户永远对产品保持兴趣，持续购买。

数字时代的分界线远没有旧分界线那么有约束力。租赁制对均价订阅制，吉列剃须刀对免费增值，它们回收利润的时间一一对应。数字时代，在价位等同的情况下，均价订阅的约束力低于租赁制，免费增值的约束力也相应地低于吉列剃须刀模式。

那么，回头客模式有没有与之对应的价值获取方式呢？请看图6.9。数字时代的分界线如果继续向下延伸，我们就能发现比回头客模式约束力更低的价值获取方式。那才是数字时代的回头客模式，也是一种本质性的价值获取方式——一种实实在在的"担保"。

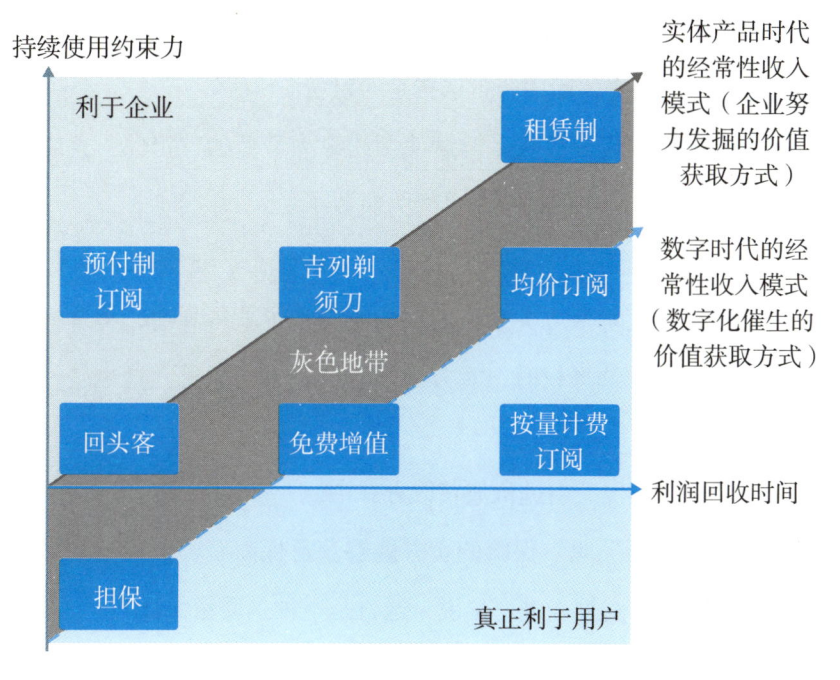

图6.9 新分界线的价值获取方式类推

"担保"也是一种价值获取方式

前文中提到实体时代经常性收入模式的分界线完全由回头客模式支撑。这种价值获取方式的利润回收时间为零且拥有持续使用约束力。那时企业思考的关键是"如何让用户保持新鲜感,继续支付费用"。

即便进入数字时代,我们仍旧需要寻找一种相当于回头客的"担保"。事实上免费增值和均价订阅制也都是在某种"担保"的基础上形成的。所有价值获取方式都应该具备"担保"的功能。

数字时代的分界线上,最有持续使用约束力的价值获取方式当属均价订阅制。但即便是这种方式,用户一旦觉得费用与能享受的服务不成正比,就可以随时解约。这种价值获取方式允许用户在体验服务后再决定是否续约。

免费增值服务的"担保"更偏向于内容的担保。用户可以免费试用,但

| 盈利 |

如果需要体验升级则需要付费，如果对内容不满则不需要付费。这种价值获取方式同样允许用户先体验内容再选择是否付费。

下面请看数字时代分界线上持续使用约束力最低的"担保"，或者可以说，这种"担保"对用户的约束力已经为负数了。

约束力为负数指企业被用户的需求约束的状态。这类似于金融领域中期权（选择权）的买卖双方关系。期权的卖方为了获得利润，将选择权售卖给买方，但买方行使选择权时，卖方必须听取买方的意见。这也是一种"担保"形式。

下面我们把"担保"引进价值获取方式中。

各位了解"保险"吗？保险的卖方能够获得保险费，但买方如果行使权力，卖方就要听取其意见。进一步说，这就是一种"质量保证"。

质量保证是在用户对产品表示不满后的一段时间内，对用户购买的产品进行退款或退货处理的行为。首先，这种价值获取方式允许企业提出一份"质保清单"并收取相应的费用。这是一种售前附加保修计划，相当于企业将产品价格和保修价格组合起来一并出售给用户。

相较于回头客模式，质量保证模式需要企业和用户的关系更加密切。从用户购买产品到用户正常使用产品，最终用户解决自己遇到的问题，在此期间企业需要"全程监护"用户，并与用户保持良好的关系。虽然人力资源的分配和管理成本很高，但在数字时代，企业通过物联网技术或软件即服务进行数字化管理，就能实现低成本高效益。

数字时代，用户的力量越来越大。如今均价订阅和免费增值已经十分普遍，用户能够在真正使用、评价产品之后再决定是否继续为这款产品买单。

数字时代的支付方式更像是"先尝后买"。因此，即便是一次性支付，对于利润回收时间为零的产品，也需要"质量保证"。因此"担保"才是数字时代价值获取的大前提。

换句话说，即便是钱货两清的回头客模式，今后也会产生担保的诉求。在一定时限内，产品与预期不符就可以退款，不想使用的时候就能退货——这或许将成为今后的标配。

当然，这并不意味着企业需要免费为用户提供担保。但企业可以在定价时就添加一定的担保费。关键在于企业要把担保也当成一种收益来源，把它和产品本身打包销售给用户。

制造业和零售业如何实现担保

在数字化的时代背景下，想要让担保真正发挥作用，我们就有必要关注用户的每个动向。企业的担保内容不能有一丝一毫的谎言。同时企业必须了解：用户在正常使用产品的情况下，产品是否出现故障；用户的真实使用情况如何。否则质量保证制度对于企业而言就会变得十分危险。

只有满足上述条件，数字化服务才有用武之地。如果企业能够检测用户的使用情况、使用方式，质量保证才真的有意义。要记住，质量保证不是优惠活动，而是企业的价值获取方式。

各位可以参考一下苹果公司的产品。我们在苹果直营店购买产品的时候就会发现，他们的价值获取方式本身就包含着给用户提供质量保证的成分。苹果提供14天包退服务，亚马逊更是支持30天包退。但能做到这一点的企业实在太少了。日本服务业也是近几年才开始出现退款保证的。

线上商城正是因为有了这样的担保，才能换来那么多的回头客。不过，企业只有保证能够获取用户ID管理、购买历史、产品缺陷等电子记录，才能真正发挥担保的作用。而如今这种技术已经相当成熟。

想要把担保本身作为一种价值获取方式，就要积极寻找它与价值创造的关联性。如果产品的用户界面和用户体验不够优秀，用户很可能会对产品失去信心。如果产品不耐用，用户则会很快放弃这款产品。另外，用户支持团队更要对各种故障积极响应，火速处理。

因此，企业只有先把产品开发、生产、运营、用户支持、用户成功等企业主要任务都完成之后，才谈得上"为用户担保"。不论其中哪个环节出了问题，都无法做到"担保"。

以"担保"作为价值获取方式，其实是对企业各项基本能力的考验。你会慢慢发现，这个课题实在过于宏大，单靠价值获取根本无法解决。在数字时代求生存的制造、零售业企业必须要把"担保"作为一种商业模式来看待。只有做到这一点，企业才能行稳致远。

从获取价值到商业模式

很显然，"一手交钱一手交货"的传统思想已经不再适合制造、零售业企业，而在产品售出后，与用户继续保持良好关系则变得尤为重要。

收费时机的小小变动不仅会使企业的价值获取方式发生改变，更会引发企业整体的根本性改变。尤其对于那些完全依靠产品质量优劣保障企业生存的制造、零售业企业而言，这或许是一次改变价值观的机遇。

如果只是改变价值获取方式，从产品销售向订阅制转变，那么这还远远不够。只有把价值获取和价值创造结合起来，才能创造成就。同样的道理，通过盈利开关改造价值获取方式，也能有效倒逼价值创造方式的变革。价值获取不能单独发生作用，而是会对价值创造，甚至商业模式造成整体影响。

下一章是本书的最后一章，笔者将为各位解读价值获取方式以及商业模式的变革。

第7章
商业模式创新

要点

- 盈利模式创新的注意点
- 价值获取方式创新倒逼价值创造方式创新
- 如何充分利用价值获取方式?

关键词

- 盈利逻辑转换
- 价值创造方式优化
- 八种盈利逻辑
- 商业模式创新

第7章 商业模式创新

本书旨在揭示盈利模式创新的方法，并阐释价值获取方式的革新策略。然而，仅靠价值获取并不能创造丰功伟绩。只有把价值获取方式和价值创造方式结合起来，才能实现商业模式创新。

从获取新价值到创造价值

日本制造业曾经领先世界，但是如果这些企业还想依靠价值创造获取更大的利润，那就必须思考如何转变盈利的方式。下面就请各位带着问题继续阅读，学习如何利用盈利模式创新重构我们的价值获取体系吧。

为了实现盈利模式创新，我们需要从新的视角去解读创造利润的方式方法。因此，我们先结合收费的概念，了解了利润的本身，随后又探讨了收益来源的多元化，之后我们又了解了如何用各种收益来源实现价值获取，最终完成利润化（图7.1）。

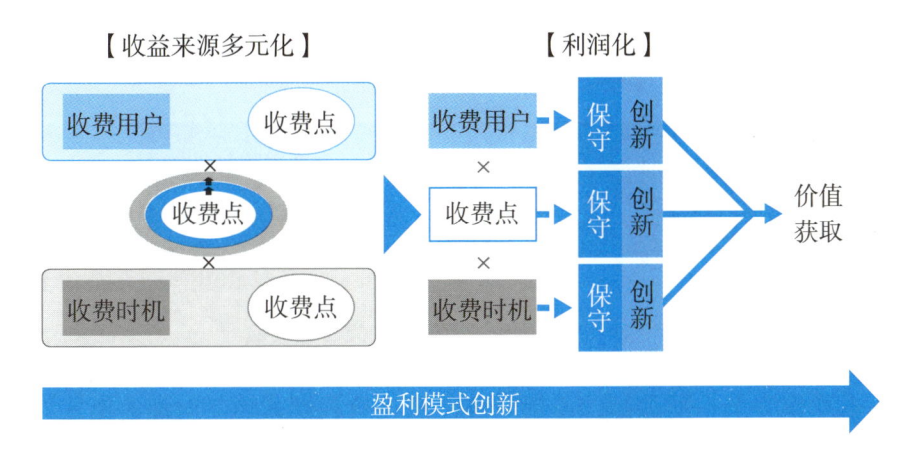

图7.1 以价值获取引导盈利模式创新

| 盈利 |

    毫无疑问的是，制造、零售业企业将商业利润的中心全都放在了产品销售上，他们的价值获取方式实在是千篇一律，极其单调。不论企业拥有多么优秀的工程师、营销团队，也不论企业拥有多么深厚的信息技术背景，更不论他们为了实现价值创造方式付出了多少努力，只要不在价值获取方式上付出同等的努力，企业就无法创造丰厚的商业利润。

    或者说，他们的价值获取方式过于"老派"，无法适应数字时代的价值创造，换言之，他们的价值获取方式限制了价值创造的潜力。因此企业原本应该获取的商业利润便有可能流入其他企业，更可能直接流入外国企业的腰包。

    但是，如果我们逆向思考，就会发现一个全新的世界。如果企业能够灵活地转换价值获取方式，就能在当下价值创造方式的基础上获得更多商业利润。我们应该先想象一下企业最多能获取多少利润，随后就要为了实现这个目标创新价值获取方式，拓展思路，不拘一格地发掘新的价值创造方式。

    图7.2为我们展示了前文提到的价值获取和价值创造方式。与价值创造方式相适应的价值获取方式，支持价值获取方式的价值创造方式，两者是双向互补的关系。因此，价值获取有时会扩大价值创造的眼界，有时又会缩小价值创造的眼界。

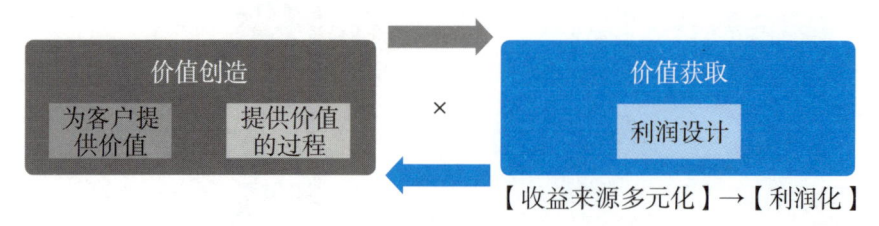

图7.2　价值创造的可能性来自价值获取

    本章作为全书的总括，希望向各位阐述盈利模式创新对商业模式的意义，以及我们应该如何改变对价值创造的看法。

改变对利润的看法

所谓商业模式，即满足客户需求的同时为企业创造商业利润的机制。它与前文提到的价值获取和价值创造互为表里，缺一不可。

企业应当从价值获取的角度思考商业模式的实践，同时要把重点放在"创造商业利润"上。至于商业模式的理论探讨，则并不需要过多考虑价值获取。

特别是很多制造、零售业企业总是认为，只要搞懂客户价值主张，以及提供价值的中间过程，就能获取利润。但正是这种想法，限制了他们的利润，更妨碍了企业商业模式的创新。

价值创造的利润

所谓价值创造，指的是研发能够解决用户问题的产品或解决方案（客户价值主张）并高效地生产、配送给客户（价值提供过程）。发现客户价值并为客户提供价值，企业便能获得收益，实现商业利润。这就是通过价值创造实现商业利润的过程。

客户价值主张中最关键的一点是收益（销售额）问题。我们要了解目标客户到底会购买多少主要产品，并在此基础上，根据目标客户规模、支付意愿，提出能够最大限度满足销量规模的定价。之后才是我们最熟悉的数学题——价格（P：Price）×销量（Q：Quantity）。

下面我们来看看价值提供过程中的成本。为了实现客户价值主张，投资设备的规模是多少？制造成本和采购成本是多少？又需要多大规模的营销团队负责产品销售？这些都是必须回答的问题。

在我们思考成本和投资能让我们提高多少效率的时候，就要搞懂变动成本（V：Variable cost）、固定成本（F：Fixed cost）和投资（I：Inverstment）

的关系。

客户价值主张和价值提供过程构成了价值创造的内涵，最终形成营业利润（OP）和投资资本回报率（ROIC）。下面请看式（7.1）和式（7.2）。

$$OP=(P-V)\times Q-F \tag{7.1}$$

$$ROIC=\frac{OP}{I} \tag{7.2}$$

其中式（7.1）是典型的利润计算公式。它向我们展示了提高价格、压缩成本、提高销量、降低运营成本对商业利润的影响。

不论是任何商品的制造和零售都要遵循这个利润原则。此外，管理层会将业务视为投资项目，并以资本回报率作为商业模式的绩效指标，即式（7.2）体现的理论。

不过，如果你是从头开始阅读本书的读者，就不难发现这两个公式都是基于产品销售的价值获取方式推导出来的。换句话说，这里的利润只是价值创造的结果，并不包括企业通过盈利模式创新获取的利润。

极端地说，这完全是"无中生有"的利润，根本不需要学习价值获取的概念也能实现。其实这是所有企业在不自觉地使用着价值获取方式，但他们往往是不假思索地使用，根本不去做任何调整。这就是为什么本书要将这种盈利逻辑称为000价值获取模式的原因。

许多制造、零售业企业都在使用简单的000价值获取模式相互竞争，即以主要产品，向主要用户收费，直接回收利润。

这就是当有人要求大型企业的管理者谈谈公司的商业模式时，他们总是大谈特谈价值创造，而对价值获取只字不提的原因。

如今制造、零售业企业的对手是一群后起之秀的互联网企业，因此仅凭000价值获取模式，他们根本就没有胜算。这就是本书倡导盈利模式创新的初衷。

至少，如果我们能比以往更好地利用商业模式中存在但未被开发的价值收获取方式，那么我们的价值创造无疑会更加高效。

改变商业模式观点的"盈利模式创新"

商业模式由"价值创造（包括客户价值主张和价值提供过程）"以及本书主要讲解的"价值获取"两部分组成。如果从利润的角度理解价值创造和价值获取，则更能领会盈利模式创新的意义。表7.1为我们揭示了这一理论。

表7.1 商业模式中的利润之争

商业模式构成要素		目的	利润关联性
价值创造	客户价值主张	向已经成为目标客户的主要客户提供最适合的产品	销量存在变数——价格、销量
	价值提供过程	为了提供价值所需的各种商业活动和投入	成本存在变数——变动成本、固定成本、投资
价值获取	利润设计	为获取商业利润而制订机制	利润获取方式——八种盈利逻辑

如果把价值创造作为盈利的终点，则企业无论如何也会进入OOO价值获取模式。这是因为，此时企业的利润正是由客户价值主张产生的"销售额"减去由价值提供过程决定的"成本"得到的。

另外，价值获取向我们展示了一个"发大财的世界"，如果我们只思考价值创造，是绝对无法想象如此丰厚的利润的。如果在探讨商业模式时无法发现企业独特的"盈利手段"，你就应该考虑"是否缺少价值获取方面的考量"。除了OOO模式，我们还有许多盈利逻辑可以使用，这些盈利逻辑让我们的创收方式更有"深度"，同时对于企业的未来布局也有着十分重要的启示。

或许有些企业已经在内部把有关利润的方方面面都"研究透了"，但他们所说的"利润"不过是价值创造的结果而已，最终他们仍旧没有脱离OOO模式的束缚。

那么公司目前的利润如何？公司将来要如何获取利润？这些根源性的问

题，真的"讲清楚"了吗？想要找到这些问题的答案，最直接的办法就是讨论企业的价值获取方式。

如今那些能够取得卓越成就的企业，都不是一味地创造价值，他们在价值获取方面的创新能力也不容小觑。只有了解到了这一点，我们才能真正认识到盈利模式创新的地位。

盈利模式创新改变盈利逻辑

即便在OOO模式下，企业也会多多少少地思考自己的盈利方式。下面请看式（7.3）。

$$\text{ROIC} = \frac{OP}{I}$$

$$= \frac{OP}{S} \times \frac{S}{I} \qquad (7.3)$$

式（7.3）展现了资本回报率与商业利润投资的关系，即商业模式产生的结果。我们进一步将其分解为企业的销售回报率（OP/S）和资本周转率（S/I）。一般说来，企业要么重视回报率，要么重视周转率，或者干脆想来个"兼而有之"。

这种创造利润的方式也是在商业模式的背景下提出的。它是OOO盈利逻辑中的一个公式，只关注产品销售。只有我们摆正了价值获取方式的地位，才能发现除此之外的其他盈利逻辑。

OOO模式不过是八种盈利逻辑的其中之一。除此之外还有七种盈利逻辑等待我们开发，每种盈利逻辑又有着与之对应的盈利公式。

盈利逻辑应该着眼于三个因素，即收费用户、收费点和收费时机，我们可以通过各个要素相乘的形式实现获利方式的多元化。

比如第6章所述，盈利逻辑（特别是OO1和O11模式）促使收费时机多元化发展，我们可以利用经常性收入的最理想指标构建获利公式。具体来说就是利用月度经常性收入（MRR[①]）、年度经常性收入（ARR[②]）或每用户平均收入（ARPU[③]）、解约率等逻辑构建新的公式。

在收费点多元化方面（特别是010、011模式），我们可以构建以免费经济模式为主导的公式。具体关键指标包括活跃用户数量、每收费用户平均收入（ARPPU[④]）、收费用户比例（PUR[⑤]）等。

收费用户多元化方面（特别是110和111模式），企业也必须寻找各种收费用户，并结合活跃用户和收费额度等指标推导出公式。

我们可能会觉得，互联网企业善用关键业绩指标（KPI）和利润计算公式，其中蕴含的经济原理并不适用于制造、零售业企业，两类企业似乎不可同日而语，但事实并非如此。

盈利模式创新旨在改革000价值获取模式，它所使用的指标和公式同样也能在制造、零售业企业应用。其实，无论是同为制造类企业，但采用与众不同盈利逻辑的特斯拉，还是同为零售类企业，但也有一套独特盈利逻辑的亚马逊，他们的盈利公式都能应用于其他企业。

若以盈利模式创新为前提，就要尽力寻找适合自家企业的盈利逻辑，用上最适合自己企业的盈利公式，培养出自身的特色。

创造利润的方法其实是多种多样的。善用盈利逻辑，能让我们理解那些与我们截然不同的企业所使用的盈利公式。总之，价值获取方式在商业模式中扮演着极其重要的角色。

[①] Monthly Recurring Revenue的缩写，即每月的连续收入，一般用于预测未来收益。
[②] Annual Recurring Revenue的缩写，即每年的连续收入，一般用于预测未来收益。
[③] Average Revenue Per User的缩写，即每个用户为企业提供的平均收入。
[④] Average Revenue Per Paid User的缩写。与ARPU的区别在于收费用户是分母。
[⑤] Paid User Rate的缩写。付费用户占所有用户的百分比。

| 盈利 |

如果现在就开始感叹价值创造已经没有继续挖掘的空间了、能想到的办法都被别人想到了，那么笔者只能说，还为时尚早。一家企业通过盈利模式创新，从OOO价值获取模式进入一个"新世界"，同时也必然能发现许多创造利润的方法。

拓展价值创新的视野

我们普遍认为，盈利模式创新的意义在于改变利润结构，进而为企业增加利润，但事实却不仅于此。

实际上，盈利模式创新能开阔我们价值创造的视野。

创造价值和获取价值的组合

如果苹果、亚马逊、特斯拉、开市客以及网飞等企业只依靠盈利模式创新，他们不可能取得如此大的成就。正如第2章所言，价值获取也有其特征。主动进行盈利模式创新，也能拓展价值创造的可能性（图7.3）。

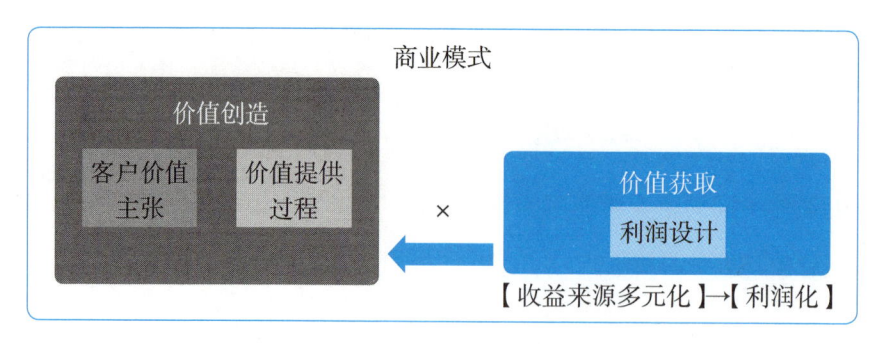

图7.3 价值获取促成价值创造的飞跃

即便产品理念优秀，能获得大众的一致好评，也不过是OOO模式，企业只能回收部分成果（商业利润）。只有通过最大化的价值创造进行价值获取，整个商业模式才能产生巨大的利润。只有当价值获取到位，使价值创造的利益达到最大化，才能实现整体商业模式的巨大飞跃。

当然，商业模式不仅依靠价值获取实现，如果价值创造做得不好，即便努力进行盈利模式创新，可能成果也不够理想。

当优秀的价值创造方式已经不能产生利润，或者当一个成熟的行业在价值创造创新方面遭遇瓶颈时，盈利模式创新才有意义。

此时的关键是，把同样的价值获取方式与不同的价值创造方式相互组合，从而形成不同的商业模式。下面请看图7.4。

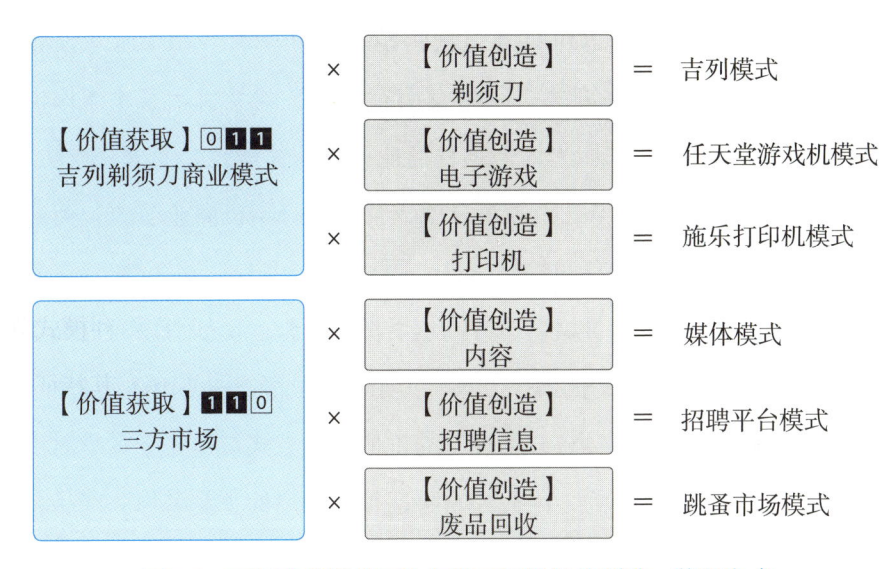

【价值获取】011 吉列剃须刀商业模式	×	【价值创造】剃须刀	=	吉列模式
	×	【价值创造】电子游戏	=	任天堂游戏机模式
	×	【价值创造】打印机	=	施乐打印机模式
【价值获取】110 三方市场	×	【价值创造】内容	=	媒体模式
	×	【价值创造】招聘信息	=	招聘平台模式
	×	【价值创造】废品回收	=	跳蚤市场模式

图7.4 不同商业模式下也有着不同的价值创造、获取方式

前文中，笔者向各位展示了通过将不同的价值创造方式与011盈利模式（吉列剃须刀模式）相互组合而形成的商业模式。同样是011价值获取模式，与以剃须刀为主要产品的价值创造方式组合就成了吉列剃须刀商业模式；与电子游戏组合就成了任天堂游戏机商业模式；与打印机组合就成了施乐商业模式，多一种组合就多了一种商业模式。

剃须刀模式，顾名思义即以销售"剃须刀主体和替换刀片"获取利润。由于这是金·坎普·吉列最早提出的价值获取方式，所以才被称为"吉列剃须刀商业模式"。这种商业模式是将主要产品和利润空间更大的收费点相互组合，并定期回收利润。主要产品是剃须刀主体，利润空间更大的收费点则是替换剃刀，剃须刀越普及利润也就越大。为了成功地使用这种商业模式，我们创造的价值就是让用户通过替换刀片保证永远都有锋利的剃须刀用。这种优秀的商业模式离不开价值获取与价值创造的组合。

将011价值获取模式与电子游戏（价值创造）进行组合，就成了任天堂游戏机商业模式。这种商业模式也被称为"任天堂模式"或"许可体系"。游戏机主机售价低廉，但商家可以通过销售游戏软件获利。如果游戏没什么意思，就无法产生利润，商家必须开发出有趣的游戏吸引玩家才能保证获利，这会让企业内部充满压力。但这种商业模式往往能让企业大获成功。

将011价值获取模式与打印机组合就成了施乐打印机商业模式。商家会主动推广无法为企业创造利润的打印机，同时根据用户打印的次数获取累计利润。因此打印机厂商的价值创造方式也要做出调整。比如可以通过提供彩打、多功能打印机以及更好的解决方案，为用户提供便捷的使用体验。

这些商业模式都是通过将公司现有的价值创造方式与领先于竞争对手的价值获取方式相结合的产物，因此完全可以根据特定的企业名称、产品名称为其命名。这些商业模式从此便成为各自专属行业的行业惯例、行业标准。

请看图7.4的下半部分。这里是将110盈利逻辑中的三方市场与不同价值创造方式进行组合从而形成的几种商业模式。110价值获取模式与创造内容（图、文、音、声等）相结合就形成了媒体商业模式；如果与招聘信息相结合就成了Recruit公司专有的招聘平台商业模式；如果与废旧物品回收处理相结合，就成了自由市场（跳蚤市场）商业模式。

各行各业的顶级企业都会把自身独特的价值获取方式和原有的价值创造方式进行组合，从而形成诸多110商业模式。

如果你能读到现在，就一定会明白，只有将价值获取方式与一定的价值创造方式相结合，企业才能发现自己的商业模式。我们不妨尝试一下，将前文提到的价值创造方式与OOO价值获取模式相组合。我们会得到一种制造、零售业企业的商业模式，不论变换多少种价值创造方式，都丝毫不会让人眼前一亮。

企业的价值创造方式往往通过与一种不同寻常（企业现有盈利逻辑以外）的价值获取方式相组合，才能转化为一种独特的商业模式。亚马逊和特斯拉也不例外。只要客户接受企业的这套商业模式，企业就会获取巨大的利润。

但要记住，并不是说只要企业改变价值获取方式，就能实现转型。只改变价值获取方式是无法形成商业模式的，价值创造要与价值获取紧密结合，并要保证有用户愿意为这种新组合"买单"。最重要的是，只有价值创造方式配合着价值获取方式追求改变，才能形成最适合企业的商业模式。

另外，如今价值获取和价值创造的最佳组合已经逐步成为行业标准和备选商业模式。比如均价订阅制价值获取方式与软件销售的价值创造方式的组合——软件即服务模式（SaaS）。而出行与软件的组合则被称为"出行即服务（MaaS，Nobility as a Service）"（图7.5）。

【价值获取】OO❶ 均价订阅制	×	【价值创造】= 软件即服务	= SaaS 软件
	×	【价值创造】= 出行即服务	= MaaS 出行

图7.5 共同价值获取方式下的商业模式

已经有许多软件开发商转型成为软件即服务企业，汽车制造业和交通工具制造类企业也开始努力向出行即服务企业转型。今后还会有更多新商业模式出现，但请记住，这些新商业模式的背后是非传统的价值获取方式和已经被优化的价值创造方式。

| 盈利 |

盈利模式创新与创造价值

只改变价值获取方式当然无法形成新的商业模式。我们还需要改造我们的价值创造方式才能成功。其实盈利模式创新的最大目标也在于此。请看图7.6。

图7.6的上半部分是现有的价值获取方式与价值创造方式的组合。制造、零售业企业仍旧遵循的以往产品销售的000模式，不断创造价值，却不知寻求改变。于是，我们需要努力实现盈利模式创新，使用000模式以外的盈利逻辑。

```
┌─────────────────┐     ┌─────────────────┐     ┌─────────────────┐
│  价值获取（0）   │     │  价值创造（0）   │                        
│   产品销售       │  ×  │  客户价值主张（0）│  ×  │  价值提供过程（0）│
│   （0 0 0）     │     │                  │     │                  │
└────────┬────────┘     └─────────────────┘     └─────────────────┘
         │
         ▼ 盈利模式创新
┌─────────────────┐     ┌─────────────────┐     ┌─────────────────┐
│  价值获取（1）   │     │  价值创造（1）   │                        
│ 0 0 0以外的盈利  │  ×  │  客户价值主张（1）│  ×  │  价值提供过程（1）│
│     逻辑        │     │                  │     │                  │
└─────────────────┘     └─────────────────┘     └─────────────────┘
```

盈利模式创新 = 价值创造创新的诱发剂

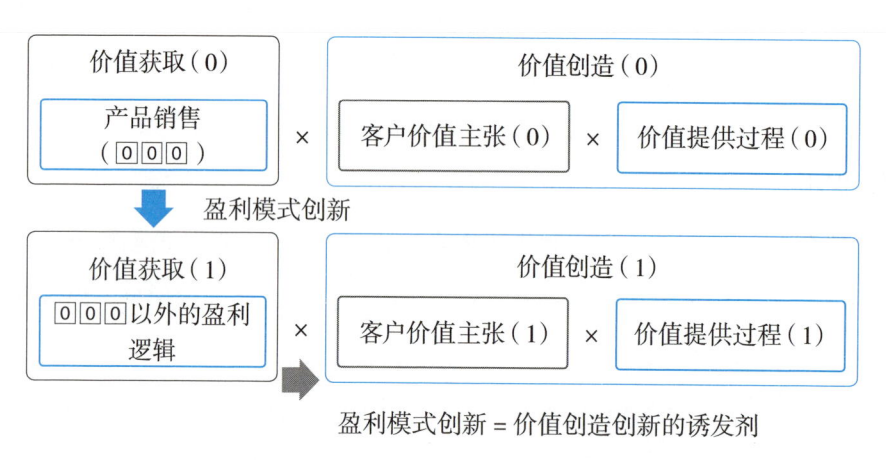

图7.6 从盈利模式创新到价值创造创新

但是，这里的重点是，如果只改变价值获取方式而不改变固有的价值创造方式（0）就不能创造出合适的商业模式。如果要对价值获取（1）进行盈利模式创新，就要让价值创造方式也朝着（1）的方向转变。

商业模式必须平衡价值创造和价值获取，使它们彼此处于一种最适当的关系。因此如果只是改变价值获取方式，商业模式也无法发挥效用。换言之，在商业模式的框架下，盈利模式创新就是价值创造创新的"诱发剂"。

诚然，对于那些为了实现价值创造创新而费尽心机的制造、零售类企业而言，多元化的价值获取方式开阔了他们的眼界。

然而，向产品销售以外的价值获取方式转变，也意味我们与用户的沟通方式以及提供产品的方式都要做出改变，换言之，我们要对当前的价值创造方式进行改造，而且要以一个崭新的视角进行改造。

让我们分别以制造业和零售业企业为例，想象一下这方面的细节。

零售业企业

在以往的产品销售模式下，零售业企业想要不断创造新价值，唯一的办法就是保持销售网点的吸引力。这些企业将扩大他们的产品管线，增加存货量，并思考如何在销售网点展示和提供这些产品，让客户满意。这虽然很重要，但不久之后一切又会停摆。

那么如果企业转变盈利逻辑和价值获取方式，又会发生什么变化呢？请看图7.7。

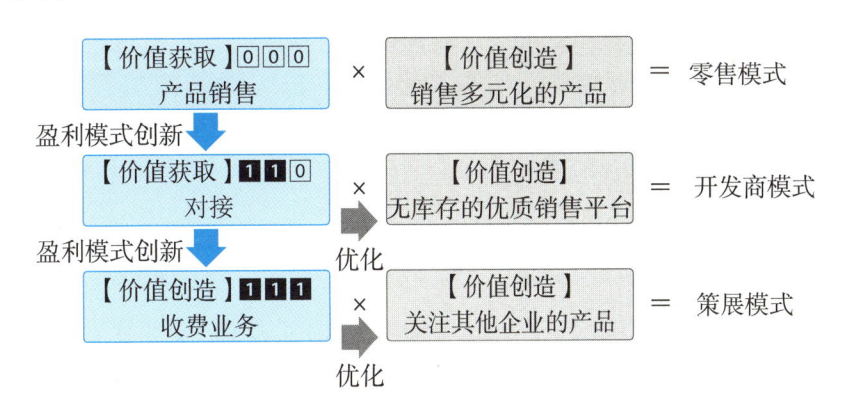

【价值获取】000 产品销售	×	【价值创造】销售多元化的产品	= 零售模式
盈利模式创新 ↓			
【价值获取】110 对接	×	【价值创造】无库存的优质销售平台	= 开发商模式
盈利模式创新 ↓		优化 →	
【价值创造】111 收费业务	×	【价值创造】关注其他企业的产品	= 策展模式
		优化 →	

图7.7 零售业企业的盈利模式创新和价值创造方式优化

"对接"属于110逻辑指导下价值获取方式之一，下面我们以它为例进行思考。对接模式的价值获取依赖主要客户以外的收费用户和收费点。

例如，我们可以设想一种开发商模式，为各大厂商提供产品展销平台并收取租金。也就是卖别人的货，收取摊位费。由于自己没有商品库存，因此资产和人员也都不多。但这样的企业必须保证门店地理位置优越，这样才能吸引其他企业入驻，否则就要尽可能提高自己平台的价值。

于是我们的价值创造方式也随之发生了翻天覆地的变化。实体购物中心一般采取这种价值创造方式。他们往往会在购物中心开设电影院来提高人气。

网上开设的在线商城也是同样的原理。我们要在这个虚拟空间，想方设法地营造一派热闹景象，这样才能吸引客户。那些视野开阔，早早认识到这种价值获取方式的企业如今早已发展壮大成为巨大的电商平台。

另外，如果我们以不同的价值获取方式为基础进行盈利模式创新，就会发现新的商业模式。这就是图7.7中的111价值获取方式——收费业务。

收费业务为企业提供解决方案获取商业利润，但在价值创造方面，它首先是为企业招揽终端用户，同时也要提供咨询、推销或品牌运营等服务。不过，如果企业没有类似经验，就只能从零开始构建体系。

但不论如何，企业都要根据现有的资源开诚布公地探讨可行的商业策略。第4章介绍过的STORY、b8ta就是策展型商业模式的典型案例。

制造业企业

制造业企业也能通过盈利模式创新改变商业模式。请看图7.8。

如果从产品销售（000）向均价订阅制（001）转型，就是实物类订阅。由于产品本身并不会有任何变化，所以这不过是在产品销售模式中强行引入订阅制而已，根本算不上成熟的订阅制，早晚都会失败。

如果要改变价值获取方式，就必须考虑当前使用的价值创造方式究竟有哪些优势，然后才能实现价值创造以及商业模式的创新。建立新体系，在此基础上寻找与之匹配的用户才能真正完成突破性的发展。

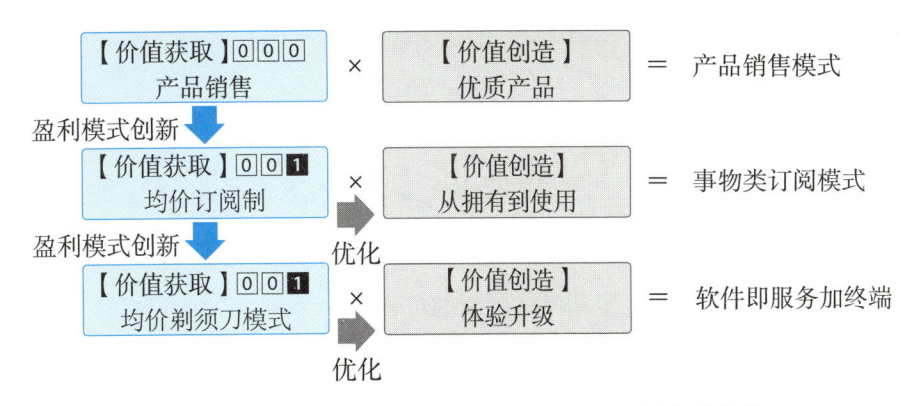

图7.8 零售类企业的盈利模式创新和价值创造方式优化

那么001盈利逻辑还能转化成011盈利逻辑吗？那就是本节所述的"均价剃须刀模式"，它是均价订阅制和吉列剃须刀商业模式的结合体（参考第6章）。其中，均价订阅的部分是软件，主要产品还是实体产品。与主要产品相比，更新软件是一个能为企业带来更多利润的收费点，但这种价值获取方式仍旧需要很长时间才能回收利润。

既然选择了011盈利逻辑，价值创造方式也会随之发生巨大变化。那么用户是否真的需要更新？企业能否保持更新不拖延？企业数字化转型落实情况如何？想要回答这些问题，企业还需要整合各类人才和资源。

本书所介绍的软件即服务加终端模式正是经过如此一番努力才形成的商业模式。事实上佩洛顿正是使用了这种商业模式，而且特斯拉今后也会朝着这个方向发展，他们必将走上一条不同于以往健身器材、汽车制造类企业的道路。

盈利模式创新促使企业继续在价值创造方面进行创新，而不仅仅是利润结构的改革。换言之，盈利模式创新和价值创造方式创新的视角并不相同，它是通往商业模式创新的必由之路。

| 盈利 |

什么样的企业会成功

截至目前，本书总结了漫威、喜利得、GAFA、特斯拉、网飞、开市客等企业的典型案例。众所周知，这些企业的价值创造方式都为他们取得了巨大的成就，但本书希望各位更加关注他们在价值获取方面的改革，因此笔者向各位介绍了这些企业实现盈利模式创新的过程。

这些企业在创新价值创造方式方面可谓呕心沥血，但笔者认为仅仅如此还不足以让他们获得今时今日的成就。这些企业在价值获取方面的创新也值得我们关注。

价值获取的灵活性为大规模的价值创造提供了一片沃土。如果企业没有获取巨大利润、创造巨大财富的想法，就无法创造出那种甚至能改变世界的价值创造方式。而这些企业的财务状况（参考第2章）恰恰是最好的证明。

如果日本的制造业和零售业企业进行价值创造改革，那么他们几乎能和欧美的同行媲美。更不要说日本企业原本是一众欧美企业的"模范"，常能带给他们创新的灵感。

但问题是日本企业没有持续产生利润的手段。这意味着日本企业无法通过价值创造获取全部利润，尤其是制造、零售业企业。日本一直以来都依靠这些企业拉动经济，但如今即使引进了数字技术，如果企业的价值获取方式仍旧一成不变，日本就完全错过了依靠价值创造创新获取利润的机遇。

即便日本的数字产业表现不差，但其价值获取水平始终赶不上时代潮流，无法用价值创造的创新换来商业模式的巨大飞跃。每当思考价值获取方式时，笔者都不禁发出这样的感叹。

日本企业会为了眼前的利益，直接选择当下最流行的价值获取方式。如果只是作为一个起步，这无可厚非。不过创新可不仅于此。如果能依靠新的价值获取让企业获得超乎往常的利润，就应该立刻准备下一次价值获取的变革。

此时企业需要尽力发掘自身现有的价值获取方式。接下来企业就要根据价值获取方式设想一种商业模式，再探究一种能实现设想的价值创造方式。

这样做的好处是，它可以让我们从一个全新的角度进行创新，改造那些无法突破常识的价值创造方式。正如面临存亡危机的漫威，从盈利模式到价值创造方式一路创新，直至实现最终的商业模式创新（参考第1章）。

商业模式创新

日本企业此前对利润不够重视，而如今，所有企业都应该高度关注利润。为了改革我们的价值获取方式，我们应该先从盈利模式创新做起。

陷入经营困局的欧美企业能够毫不犹豫地开始钻研如何让企业获利。他们全心全意为用户着想，站在用户的角度进行创新。最终他们的商业模式不但备受瞩目，更获得了全世界的赞赏。

但如今随着数字化时代的发展以及新冠肺炎疫情的冲击，人们的价值观已经发生了变化，传统的商业模式瞬间失灵。企业面临经营困境，自然要积极应对，进行盈利模式创新。即便有些企业因为市场"特需"而暂时获利，也应该做好盈利模式创新以备消费者支付意愿的下一次变化。

我们完全可以把"赚钱"作为创新的出发点。

但是，既然要追求"一本万利"，就要把盈利模式创新做到实处，在这个过程中一定要仔细思考收益来源的多元化出路以及与新价值获取方式配套的价值创造方式。

此前有许多专家探究过"商业模式创新"，但是他们几乎都认为应该在价值创造方式创新的基础上探究商业模式创新。价值创造方式的创新是商业模式的"四梁八柱"，这点确实毋庸置疑。

但这还远远不够。价值创造如果已经不能帮助企业创造利润，索性从价值获取起步，来一次商业模式的改革吧！既然前景堪忧，就应该从现在起认真思考。

最后，这也导致了价值创造方式的创新，它会让我们未来的世界更加美好。你的企业会获得社会的高度评价和巨大的利润，同时企业获利越丰厚，就越应该为商界树立榜样。

笔者衷心希望支持日本经济的制造、零售业企业能把每次改革都当成一次积累，最终实现井喷式的盈利模式创新。

后记

执笔本书时，笔者正处于学者生涯的一个重大转折点。笔者已经做了约20年的经营学家，距离第一次独立完成作品已经过去了10年，这些年，我一共完成了10部作品。本书的创作过程恰恰是人类遭遇新冠肺炎疫情，不得不适应生活环境变化、消费模式转型，所有企业的商业模式都遭遇巨大变革的艰难时刻。

面对这个困境，我们即便每天都思考破局的良策，反反复复自问自答，但还是一无所成。经营学本来是一门教会企业家应对不断变化的内外环境，指导企业为社会多做贡献的一门学问，但笔者也深深地感受到，笔者的理论根本"敌不过"新冠肺炎疫情，我们的传统盈利模式也不再适用于当下。

企业利润低下，员工不断流失，面对这一切，作为经营学家，笔者到底该用怎样的形式，为全世界的每个企业指出未来前进的方向呢？笔者正是带着这个想法完成了本书的创作。

笔者能走到今天，要感谢世界经济界的各位伙伴的帮助。奈何篇幅有限，不能一一道谢，但笔者希望借此机会，向各位表达一下我的想法。

价值创造固然重要。价值创造方式的创新，也是企业维持生存的必然之路。但如今我们面临着史无前例的危机，如果企业停摆，难以维持生存，创业者将会颗粒无收。

各位要知道，新冠肺炎疫情当下，企业需以收益为先，以利润为重。

同时，世界上的许多企业创造利润的能力较弱，发现利润的能力也很不够。

昨天的答案回答不了今天的问题。我们需要对危险保有敏感的嗅觉，学会总结经验教训，不断更新自我。即便眼前的环境再让人束手无策，我们能做的也不仅是在家里祈祷一切回归平常，回到旧日的环境。而且我们更要因势利导学会利用这种新环境。

为此，我们要养成一种不论在任何环境都能"自力更生""保持独特创意"的力量。

本书介绍的各种价值获取方式以及八种盈利逻辑正是上述概念的体现。希望各位从本书汲取营养，积极地面对未来。同时，笔者也十分希望，各位能够通过创造价值的形式，让我们的世界更加美好。

本书的成功出版离不开出版界各位朋友的大力扶持。感谢东洋经济新报社的佐藤敬老师能够理解笔者的想法，并给了笔者出版新作的机会。同时，笔者还想感谢三浦珠美老师能够作为笔者的智囊团，协助笔者的创作。感谢她连日同笔者进行线上交流，反复推敲书稿。

如果本书能为遭遇窘境的企业提供一份前进的动力，笔者将备感荣幸。

我们有理由相信，今后企业将会更加关注如何创造利润。但笔者创作本书绝非单纯为了输出概念，笔者由衷希望各位能够结合企业自身现状，"从书本中来，到工作中去"，加深对盈利模式创新的理解。

川上昌直